W

Joachim Frank

Ecuador
Wanderungen im Zauber der Natur

Reiseerzählung

Wiesenburg Verlag

Bildnachweis:
Alle Abbildungen von Elke Leipold-Frank, Oliver Spies

Bibliographische Information der Deutschen Nationalbibliothek:
Die Deutsche Nationalbibliothek verzeichnet diese Publikation
in der Deutschen Nationalbibliographie;
detaillierte bibliographische Daten sind im Internet
über http://dnb.d-nb.de abrufbar.

1. Auflage 2012
Wiesenburg Verlag
Postfach 4410 · 97412 Schweinfurt
www.wiesenburgverlag.de

Alle Rechte beim Verlag

Karte 1:Importiert aus dem Internet unter folgendem Hinweis:
The Factbook is in the public domain. Accordingly, it may be copied freely without permission of the Central Intelligence Agency (CIA).

Karte 2: Mit freundlicher Genehmigung von Wikinger Reisen, Hagen

Layout:
Media-Print-Service • 97456 Dittelbrunn

Lektorat: Tina Klinkner

Umschlag: Elke Leipold-Frank (Foto)

© Wiesenburg Verlag

ISBN 978-3-942063-86-9

Der Sinn des Reisens besteht darin,
unsere Fantasien durch die Wirklichkeit
zu korrigieren. Statt uns die Welt
vorzustellen, wie sie sein könnte,
sehen wir sie, wie sie ist.

Samuel Johnson (1696-1772)

Inhalt

Vorwort 11

Quito 15
   Ankunft und erste Eindrücke 15
   Modernes, Koloniales und Antikes 21
   In Richtung Sierra 29

Auf der Straße der Vulkane, Teil 1 30
Erste Übernachtung in einer Hacienda,
das Naturreservat Cotacachi und der
Indianermarkt in Otavalo 30
   Die Hacienda La Guachalá 31
   Rosen und Eukalyptusbäume für den Export 31
   Im Cotacachi Cayapas Naturreservat 32

Der Gemüsemarkt von Ibarra und
das Schutzgebiet von El Ángel 34

Wanderung am Fuße des Pichincha
und die Hacienda La Cienéga 38

Auf der Hochebene am Fuße des Cotopaxi 42

Die heißen Quellen von Papallacta 46

Im Regenwald des Amazonasbeckens 49
   Erdöl im El Oriente 49
   Wanderungen im tropischen Regenwald 53
      Erste Dschungelwanderung 55
      Ein besonderer Spaß: Lkw-Schlauch-Rafting 59
      Zweite Dschungelwanderung 61

Auf der Straße der Vulkane, Teil 2 65
   In und um Baños 65
   Essen und Trinken in Ecuador 66
   Kleiner Stadtbummel 68
   Einblick in die Mentalität 69
   In der Basílica 70
   Abends in einer Peña 71
   Wanderung in den Anbaugebieten der Bergbauern 72

Wanderung am Chimborazo 74

   Legendäre Zugfahrt von Riobamba zur Teufelsnase 79
   Abstecher zur Inka-Festung Ingapirca 85

Cuenca 89
   Stadtbummel 89
   Echte Panamahüte gibt es nur in Ecuador 92
   Über Politik, mal ganz anders 93
   Kurz, knapp, kritisch: Abriss zur Geschichte des Landes 98
   Im Nationalpark Cajas 102

Richtung Küste 105
   Eintauchen in die Wärme 105
   Im Churute Nationalpark 107
   Flussfahrt entlang von Mangrovenwäldern 108
   Guayaquil 110

Erholung am Strand 114

Schlussbetrachtung: Warum wandern? 118

Praktische Hinweise 121

Land und Leute 124

Literaturempfehlungen 127

Karte 1: Südamerika

Vorwort

Dieses Buch wendet sich an Gruppenreisende und Individualtouristen, die für wenige Wochen in dieses Land reisen und in dieser Zeit vor allem in der wunderschönen Natur wandern wollen, aber auch ein bisschen von Städten wie Quito, Guayaquil, Baños oder Cuenca mitbekommen möchten. Es basiert auf meinen persönlichen Reiseerlebnissen, die mit Informationen zu Land und Leuten abgerundet werden. Hinzu kommen ein paar praktische Informationen, Ideen und Hinweise, die dem Reisenden Möglichkeiten darstellen sollen, einen individuellen Blick auf Ecuador zu werfen. Ergänzt werden kleine persönliche Erlebnisse und Impressionen, die vermitteln möchten, wie sich dieses Ecuador „anfühlt". Noch ein wichtiger Hinweis: Die Galápagos-Inseln werden in diesem Buch nicht berücksichtigt.

Wie bereits meine Reiseerzählungen „Botswana – Ein Diamant im Süden Afrikas" und „Ägypten – An den Ufern des Nil" richtet sich auch das vorliegende Buch an Reisende, die zwischen zwei und vier Wochen im Land verweilen wollen. Aber in diesem Fall soll sich das gewählte Reiseziel vor allem beim Wandern erschließen. Dabei benutze ich bewusst das Wort „wandern", um eine deutliche Grenze zum Trekking zu ziehen.

Nachfolgend beschreibe ich Wanderungen durch verschiedene Nationalparks von Ecuador, die ich in einer organisierten Gruppe gemacht habe. Die Wanderungen waren bis zu zwölf Kilometer lang, fanden in einer Höhe zwischen etwa 2500 und 4300 Metern statt und dauerten in der Regel zwischen vier und sechs Stunden (inklusive Pausen). Dieses Buch richtet sich also nicht an Bergsteiger und Trekker, die auf eigene Faust körperliche Herausforderungen suchen und sportliche Hoch- oder sogar Höchstleistungen vollbringen wollen, sondern an „Normaltouristen", die sich in einer guten und trainierten körperlichen Verfassung befinden, um die oben skizzierten Wanderungen bewältigen zu können. Meiner Einschätzung nach ist dazu jeder in der Lage, der gesund, nicht stark übergewichtig, sportlich regelmäßig aktiv und bis Mitte sechzig Jahre alt ist. Damit möchte ich aber nur ganz grob Voraussetzungen beschreiben, die individuell abgeglichen werden müssen.

Ergänzt wird die Beschreibung unserer Wanderungen mit Schilderungen von Spaziergängen durch Quito, Cuenca, Baños und Guayaquil, sodass sich ein abgerundetes Bild einer Wanderreise durch Ecuador ergibt, wie sie so oder so ähnlich zahlreiche Reiseveranstalter anbieten.

Und warum sollte man gerade das im Nordwesten Südamerikas gelegene Ecuador als Ziel für eine Wanderreise wählen? Weil es auf kleinstem Raum verschiedenste Landschaftsformen zu bieten hat, die wahrlich abwechslungsreiche Wanderungen versprechen. Im Osten sind Regenwald und Dschungel zu entdecken, im Zentrum des Landes die Sierra, also das fast menschenleere Anden-Hochland mit seinen erhabenen, schneebedeckten und bis zu 6300 Metern hohen Vulkanen, und im Westen die Küste mit einem tropischen Tiefland und palmengesäumten Stränden. In Ecuador kann der Reisende auf engstem Raum verschiedene Ökosysteme erleben, in denen über 25.000 Pflanzen-, 320 Säugetier-, 1550 Vogel- und 375 Amphibienarten gezählt wurden. Damit gilt Ecuador als eine der artenreichsten Regionen der Welt.

Mehr landschaftliche Vielfalt und damit Naturerlebnisse hat wohl kaum ein anderes Land derart kompakt zu bieten, sodass hier beinahe täglich Wanderungen mit unterschiedlichem Charakter erlebt werden können.

Wandern in Ecuador – zweifellos eine gute Wahl und ein großartiges Reiseerlebnis.

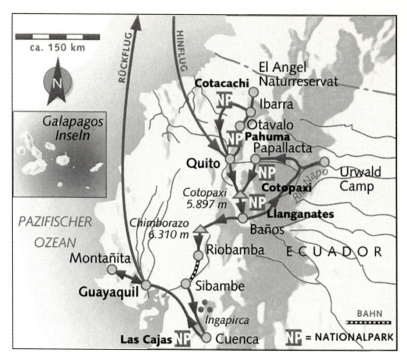

Karte 2: Reiseroute von Quito bis Guayaquil

Quito

Ankunft und erste Eindrücke

Um siebzehn Uhr Ortszeit (sieben Stunden Zeitverschiebung, also um Mitternacht nach MEZ) landeten wir auf dem einen der beiden internationalen Flughäfen Ecuadors, nämlich Mariscal Sucre in Quito. Der andere namens Simón Bolvíar ist der von Guayaquil, von dem aus wir später unseren Rückflug antreten sollten.

Nach einer zügigen, gut organisierten Abfertigung ohne Probleme fuhren wir per Taxi zum Hotel Quito. Entsprach bereits der Flughafen hohem internationalem Standard, so glich das Stadtbild Quitos auf den ersten Blick ebenfalls viel eher dem einer modernen, gut organisierten Großstadt als dem einer verarmten oder gar verslumten Metropole. Ganz im Gegenteil: Unser klimatisiertes Taxi einer japanischen Marke surrte auf bestens asphaltierten Straßen durch den wohl geordneten Verkehr, dessen Markierungen, Schilder und Ampeln alle Verkehrsteilnehmer zu respektieren schienen. Das sei herausgestellt, weil es durchaus nicht typisch und selbstverständlich für alle mittel- und südamerikanischen Städte ist.

Dieser erste positive Eindruck wurde außerdem durch die sehr gute Ausstattung und vor allem die exzeptionelle Lage unseres Hotels in einem der wohlhabenden Viertel der Stadt ergänzt. Aus dem Zimmerfenster konnte man auf die weitläufige hoteleigene Parkanlage schauen, die im abendlichen Licht schimmerte. Schwach drangen Verkehrsgeräusche aus der im Tal gelegen Stadt herauf, die man von hier mehr ahnen als sehen konnte.

Schön ist immer so ein erster Abend, wenn die Anstrengungen der Anreise überstanden sind und von der Erwartung des Kommenden verdrängt werden. Natürlich waren wir – also meine Frau Elke und ich – müde, immerhin waren achtzehn Stunden seit dem Frühstück in Frankfurt morgens um sechs Uhr vergangen, aber bei einem kleinen Imbiss und einem Schlummertrunk stimmten wir uns trefflich auf das Kommende ein.

Um etwas mehr Zeit zum Akklimatisieren und zum Erkunden der Stadt zu haben, waren wir extra einen Tag früher angereist. Das hatte außerdem den positiven Nebeneffekt, an diesem ersten Tag ausschlafen zu können und noch gar keinem festgelegten Programm unterworfen zu sein.

Im obersten Stockwerk des Hotels empfing uns ein Panoramarestaurant, das durch seine fast wandhohe Glasfassade einen großartigen Blick auf die ins Tal geschmiegte Stadt bot, hinter der sich die Bergkette der Anden erstreckte. Quito befindet sich nur zwanzig Kilometer südlich des Äquators, liegt in einer Höhe von 2.850 Metern und ist damit die höchstgelegene Hauptstadt der Welt.

Kann ein Tag schöner beginnen als mit einer solch herrlichen Aussicht und einem kongenial dazu passenden, ganz hervorragenden Frühstücksbuffet, das von einer reichen Auswahl frischer Früchte bis hin zu einheimischen und internationalen Frühstücksspezialitäten keine Wünsche offen ließ? Vielleicht ein bisschen zu satt und bestens gestärkt ließen wir uns von einem Taxi für vier US-Dollar zur Plaza de la Independencia, auch Plaza Grande[1] genannt, bringen.

Und sofort fühlten wir uns wieder an frühere Reisen nach Mittel- und Südamerika erinnert. Die große Kathedrale, der Regierungspalast, eine Siegessäule in der Mitte und koloniale Fassaden ver-

---

[1] Was in anderen lateinamerikanischen Ländern als Zócalo bezeichnet wird – also der zentrale Platz einer Stadt –, das ist in Ecuador der Plaza Grande.

strömten das unverwechselbare Flair lateinamerikanischer Städte. Nur der Rathaus-Neubau auf der östlichen Seite störte den kolonialen Gesamteindruck. Dieser Platz ist *der* Mittelpunkt des städtischen Lebens, um den sich alles dreht, *der* zentrale Treffpunkt und bevorzugte Ort zum Flanieren, zum Sehen und Gesehenwerden. Viele ältere Herren in etwas altmodischen Anzügen und gesetzte Damen in fast sonntäglich wirkender, vielleicht nicht ganz der neuesten Mode entsprechender Garderobe spazierten umher oder suchten sich bevorzugt ein von Palmen beschattetes Plätzchen auf einer der Bänke, um sich auszuruhen, Zeitung zu lesen oder ein Schwätzchen zu halten. Dazwischen warteten Schuhputzer – Jungen in zerlumpten Sachen, die eigentlich in die Schule gehörten – auf Kunden. Die üblichen Händler boten Süßwaren, Kaugummis, Zeitungen und Getränke an. Wir setzten uns ebenfalls auf eine der zahlreichen Bänke. Palmen wiegten ihre Kronen im sanften Wind. Von flachen Steinmauern umfasste Blumenrabatten und Rasenflächen, die riesige gelb-blau-rote, über dem Regierungsgebäude wehende Landesfahne, ein plätschernder Brunnen und gediegene Lampen ergänzten das idyllische Bild. Wir genossen die Ruhe und verfolgten die gemächliche Betriebsamkeit der Leute. Nirgends hätten wir uns besser akklimatisieren, die siebenstündige Zeitumstellung antizipieren und von der langen Anreise des Vortages erholen können. Die Temperaturen lagen bei etwa 23 Grad – wie tagsüber fast das ganze Jahr über –, der Himmel war strahlend blau, sodass sich der Beiname „Stadt des ewigen Frühlings" von alleine erklärte.

Wir wollten noch keine Besichtigungen im eigentlichen Sinn machen, sondern nur ein bisschen die Atmosphäre der kolonialen Altstadt schnuppern – wohl eine der schönsten Südamerikas, die im Verlauf der Zeit kaum verändert wurde. Deshalb schlenderten wir gemächlich um den Platz herum, schauten in ein paar Geschäfte und statteten dem Palacio Arzobispal, also dem erzherzoglichen Palais, einen kurzen Besuch ab. Das heißt, eigentlich nur dessen Innenhof, denn hinter den dicken Mauern war die Verwaltung beherbergt, und dort war man auf Touristen nicht eingestellt.

In der gegenüberliegenden Kathedrale wurde gerade eine heilige Messe zelebriert. Wir wollten nicht stören und warfen deswegen nur einen kurzen Blick in das etwas schmucklose Innere. Ihr vis-à-vis befindet sich das Centro Cultural, hinter dem die Gebäude der Universität liegen. Sie strahlen – wie es sich für eine Universität gehört – gelehrsame Ruhe aus, und die Atmosphäre erinnerte mich sehr an spanische Universitätsstädte. Wir schauten in Lesesäle, in denen nicht nur Studenten über ihren Büchern hockten, sondern auch ältere Leuten in Zeitungen lasen. In einem angrenzenden Patio waren alte, gut gewartete Maschinen ausgestellt, die mit der Geschichte des Buchdrucks zu tun hatten.

Ohne festes Ziel setzten wir unseren Spaziergang durch die Straßen fort und statteten der nicht weit entfernten Casa de Sucre einen kurzen Besuch ab. Antonio José de Sucre war eine führende Militär-Persönlichkeit, die an der Seite Simón Bolívars für die Unabhängigkeitsbewegungen Südamerikas außerordentlich wichtig war. Für Ecuador erlangte er durch die von ihm geführte siegreiche Schlacht am Pichincha 1822 gegen die Spanier große Bedeutung und dementsprechend pflegt man sein Andenken in diesem zum Museum umgewandelten ehemaligen Wohnhaus des Marschalls.

Ein Besuch vermittelte einen recht guten Eindruck davon, wie herrschaftliche Wohnverhältnisse in der ersten Hälfte des 19. Jahrhunderts aussahen, auch wenn die wenigen Möbel, Bilder und sonstigen Ausstellungsstücke ein wenig verloren wirkten.

An eine Säule gelehnt beobachtete ich eine Schulklasse von vielleicht acht- oder neunjährigen Kindern. Anrührend war es, wie andächtig die vielen Schülerinnen und Schüler den eifrigen, halbwüchsigen Guides lauschten, wenn diese etwas pathetisch vom Leben, der edlen Gesinnung und von den Heldentaten Sucres erzählten. Aber beruhigenderweise interessierten sich die anfangs so aufmerksamen Kinder bald wieder mehr für den Plausch mit der Freundin, die mitgebrachten Teddys und natürlich für ihre Süßigkeiten, die auf diesem Schulausflug vielleicht das Wichtigste sein mochten.

Fünfhundert Meter südlich der Casa de Sucre liegt die Calle de Ronda, eine der bedeutendsten Sehenswürdigkeiten des kolonialen Quito – so steht es jedenfalls überall geschrieben, und mit ein bisschen Fantasie vermittelt ein Spaziergang durch die schmale Gasse tatsächlich einen guten Eindruck davon, wie Quito zurzeit der spanischen Kolonialherren ausgesehen haben mag. Man schlendert auf uralten Pflastersteinen vorbei an schmalen Holztüren, hinter denen sich verwinkelte Wohnhäuser und lauschige Patios befinden. Von schmiedeeisernen Balkonen hängen üppig mit Geranien bepflanzte Blumenkörbe herab, die besonders schön vor den schneeweißen Wänden leuchten. Ergänzt wird das Bild von zahlreichen, an den Wänden hängenden Straßenlampen und Flaggen.

In der Kolonialzeit wurde diese Straße wegen ihrer privilegierten Lage nahe dem Fluss Pichincha zu einer bevorzugten Adresse der Reichen und Mächtigen. Im 20. Jahrhundert verwandelte sie sich mehr und mehr zu einer Art Künstlerkolonie, in der Maler, Musiker, Dichter und Denker lebten und arbeiteten. In den 1970er Jahren erwarb sie allerdings den traurigen Ruf, einer der gefährlichsten Orte der Stadt zu sein, und bis heute wird in zahlreichen Reiseführern darauf hingewiesen, dass Touristen hier besonders vorsichtig sein müssten. Zu Unrecht, wie ich meine, denn seit einer umfassenden Renovierung 2006 ist die Straße streng bewacht, ja, ich gewann sogar den Eindruck, dass man des Guten ein bisschen zu viel getan hat. Heute reihen sich bestens von zahlreichen Polizisten bewachte Restaurants, Kunstgalerien und Souvenirgeschäfte aneinander, und es hängt wohl von Tageszeit und Veranstaltung ab, ob diese Straße von Leben erfüllt wirklich Atmosphäre ausstrahlt oder – wie bei unserem Besuch tagsüber – eher leblos und wie ausgestellt wirkt. Vielleicht nur eine zufällige Momentaufnahme, aber sehr weit entfernt von jener Legende, die La Ronda ihren Namen gegeben haben soll. Einst sollen hier nämlich verliebte junge Männer mit Gesang und Gitarrenspiel um die Gunst der auf den Balkonen sitzenden Schönen der Stadt geworben haben. Die Jünglinge drehten ihre Runden (daher „La Ronda") auf dieser kleinen Straße, warfen den Mädchen, die natürlich völlig desinteressiert und gelangweilt taten, schmachtende Blicke zu und hofften auf noch so kleine Anzeichen der Erwiderung. Egal, ob diese Geschichte einen wahren Kern hat oder nicht, auf jeden Fall ist sie hübsch und romantisch. Heute ist allerdings rein gar nichts mehr von *amor, corazon* und *lacrimas*[2] zu spüren, sondern eher museale Leblosigkeit.

---

[2] Liebe, Herz und Tränen

Wir schlenderten in nördliche Richtung zurück zum Zentrum und gelangten ziemlich unvermittelt auf eine riesige Plaza, hinter der sich die älteste Kirche Südamerikas, nämlich die 1605 vollendete Iglesia San Francisco, befindet. Die ist wiederum ein Teil des Klosters gleichen Namens, dem größten kolonialen Bauwerk der Stadt. Die Fassade ist gewaltig, und obwohl ein Gemisch aus verschiedenen Stilen – auch bedingt durch diverse von Erdbeben verursachte Schäden – erkennbar ist, wirkt die Konstruktion geschlossen und gelungen. Am Fuß der mächtigen Mauern bot sich eine Pause in einem Café an, und ich schaute auf das gelassene Treiben auf dem Platz, an dessen Rand sich jeden Freitag Arme und Bedürftige einfinden, um von den Reichen Speisen zu bekommen. Heute war gerade dieser Wochentag, und so konnte ich dezent beobachten, wie Eiscreme ausgeteilt wurde. Aber es waren nicht sehr viele, die an dieser „Armenspeisung" – wenn man die denn überhaupt so nennen konnte – teilnahmen.

Das zum Kloster-Komplex gehörende Museo del Convento beherbergt hauptsächlich sakrale Kunst und kostbare Möbel von Barock bis Rokoko. Noch besser gefiel uns aber die andächtige Ruhe des Innenhofes. Man wandelt unter doppelstöckigen Kolonnaden oder Schatten spendenden Palmen, die, ergänzt von vielfarbigen Blumen, prächtige Fotomotive bieten. Wahrlich ein Platz, um Ruhe zu finden.

Die Kirche selbst war leider wegen Renovierungsarbeiten nicht zu besichtigen. Kein Glück hatten wir anschließend ebenfalls mit der Kirche La Merced und dem Monasterio de San Augustin, die über Mittag geschlossen waren. Überhaupt ist die Erfüllung des Wunsches, die barocken Kirche und Klöster der Stadt zu besuchen, immer abhängig von Öffnungszeiten, Renovierungsmaßnahmen und Gottesdiensten, aber wer nicht gerade ein spezielles Interesse an sakraler Baukunst der spanischen Kolonialzeit hat, dem mag der exemplarische Besuch der einen oder anderen der etwa vierzig Kirche genügen, die es in der Altstadt gibt.

Auf dem Weg zum Hotel ließen wir uns in einem der zahlreichen Shopping Center absetzen, um einen Eindruck vom modernen Quito zu bekommen. So ein Besuch ernüchtert und erstaunt, weil die Uniformität solcher Einkaufszentren derart global ist, dass auch diese Einkaufspassage überall in Europa oder in den USA hätte stehen können: Markenkleidung, technische Geräte, Handy-Shops und Fastfoodstände wechselten einander ab. Einerseits schön, dass diese Zeichen des Wohlstands auch Ecuador erreicht haben. Andererseits verkehren hier nur ganz bestimmte Bevölkerungskreise, und überhaupt fragte ich mich, welche Art von Wohlstand solche Malls symbolisieren.

Wir gönnten uns dünne Cappuccinos und recht schmackhafte Kuchen, die in und auf Styroporbechern und -tellern serviert wurden. Man saß auf Plastikstühlen unter Neonlicht und aß mit Plastikbesteck. „Selber schuld", mögen Sie denken, vielleicht aber auch: „Muss man auch mal erlebt haben."

Modernes, Koloniales und Antikes

Zwischenzeitlich hatten wir nicht nur die übrigen Mitglieder unserer Gruppe, sondern auch Vibeka kennengelernt, die uns in den nächsten Wochen auf zahlreichen Spaziergängen durch die drei größten Städte des Landes und vor allem auf großartigen Wanderungen durch Ecuadors zauberhafte Natur führen sollte. Schon an dieser Stelle sei ihr ganz herzlich für die vielen Informationen gedankt, die auch in dieses Buch eingeflossen sind. Darüber hinaus verstand sie es hervorragend, die Besonderheiten und Eigenarten von Land und Leuten einfühlsam und mit immer spürbarer Liebe für ihre Heimat zu vermitteln.

Der kleine grüne Bus, der uns von nun an durch Ecuador kutschieren sollte, wurde von Gonzalito gelenkt, und auch ihm sei an dieser Stelle bereits für sein stets umsichtiges, sicheres Fahren gedankt. Außerdem ergänzten er und Vibeka sich zu einem prima Team, das unserer Gruppe ein familiäres Gefühl vermittelte.

Wir fuhren auf gut ausgebauten Straßen, auf denen ein lebhafter Verkehr herrschte. Auf dem Weg in die Nähe der Plaza de Independencia erzählte uns Vibeka, dass gegenwärtig 2,6 Millionen Menschen in Quito lebten, von denen 40 % wirklich aus dieser Stadt seien, die Quiteños genannt werden, die übrigen 60 % seien Zugereiste.

1534 gründeten die Spanier in den Überresten der ursprünglichen, dann von den Inkas eroberten Stadt das heutige Quito. Die Besatzung der Spanier dauerte bis 1822, also fast dreihundert Jahre, und dieser Zeitraum wird als „Kolonialzeit" bezeichnet. Das Aussehen der Altstadt, die bereits 1978 – und zwar als erste ihrer Art überhaupt – von der UNESCO zum Weltkulturerbe erklärt worden war, wird bis heute deutlich von dieser Epoche geprägt. Das macht ihren Charme und Reiz aus, aber man sollte sich immer vergegenwärtigen, dass diese so schöne Kulisse, durch die der Besucher heute entspannt und bewundernd schlendert, bleibender Ausdruck und Symbol einer die Einheimischen brutal unterdrückenden Besatzungsmacht ist.

Auch als Gruppe schnupperten wir zunächst ein bisschen Atmosphäre rund um die Plaza de la Independencia und schauten für ein paar Minuten in den vorderen Innenbereich des Regierungspalastes, in dem mich die operettenhaften Uniformen der Wachsoldaten schmunzeln ließen.

Die 1987 und 1996 durch Feuer beziehungsweise Erdbeben stark beschädigte La Compañia de Jesús erstrahlt seit der 2002 vollendeten Restaurierung wieder in sprichwörtlichem Glanz. Sie genießt den Ruf, die schönste Kirche Lateinamerikas zu sein, aber das ist sicher Geschmackssache, und einen gleichen Anspruch erheben andere Kirchen zum Beispiel in Mexiko auch. Etwas Besonderes ist La Compañia aber auf jeden Fall.

Sie gilt als vollendetes Beispiel einer Kirche des Churrigueresco-Stils, also einer spezifischen Spätform des spanischen Barock in Lateinamerika, die sich durch besonders reiche Verzierungen und üppig verwendetes Blattgold auszeichnet.

Beim Betreten des Kirchenschiffs wird der Besucher von einer Flut aus Gold und Zierrat geradezu berauscht, aber ist das auch schön? Stößt dieser überbordende Glanz nicht sogar eher ab? Es dauerte 161 Jahre (1605 bis 1766), bis die Kirche vollendet war, und es lässt sich leicht vorstellen, wie imponierend, ja einschüchternd sie auf die Indios gewirkt haben muss. Und genau das beabsichtigten die neuen Herren mit einem derartigen Prunk ja auch, nämlich Stärke und Macht ihres Gottes und damit indirekt ihre eigene zu demonstrieren. Die mitgebrachte Religion, also der Katholizismus, sollte eine geistige und spirituelle Überlegenheit verkörpern, um die Indios leichter bekehren und damit zu überzeugten Anhängern des neuen Glaubens machen zu können. Das gelang, wie die Geschichte gezeigt hat, dann allerdings eher durch Unterdrückung, Zwang und Gewalt als durch Überzeugung.

Bis heute scheint Lateinamerika vom Katholizismus tief durchdrungen zu sein, aber es haben sich starke Elemente des indianischen Glaubens erhalten. Über die Jahrhunderte entwickelten sich eigenwillige Symbiosen zwischen christlichem und ursprünglichem Glauben, und darüber hinaus spielen soziale Fragen heute auch im Katholizismus Lateinamerikas – Stichwort Befreiungstheologie[3] –

---

[3] Mit diesem Begriff wird eine speziell seit den 1960er Jahren in Lateinamerika entwickelte Richtung der christlich-katholische Theologie bezeichnet, die sich als Stimme der Armen versteht und für deren Rechte und Interessen eintritt.

eine immer stärkere Rolle, die allerdings eher auf Widerstand denn auf Unterstützung des Vatikans stoßen. Das aber ist ein vielschichtiges Thema, das an dieser Stelle nur erwähnt sei.

Angeblich sind in der La Compañia sieben Tonnen Blattgold verarbeitet worden. Die Deckengemälde sollen der Kirche den Namen „Sixtinische Kapelle von Ecuador" eingetragen haben. Aber das kann ich beim besten Willen nicht nachvollziehen, denn die Kuppel ist zwar kunstvoll, hat aber so gar keine Ähnlichkeit mit dem Meisterwerk Michelangelos in Rom. Durch die Größe der Kirche wirkt das massige Gold nicht ganz so erdrückend, dazu trägt auch eine geschickte Ausleuchtung bei, die durch einfallendes Tageslicht ergänzt wird, die zahllosen geschnitzten Ornamente sehr plastisch wirken lässt und den Raumeindruck vertieft.

Der Baustil wurde zwar von den Spaniern strikt vorgegeben, aber die einheimischen Bauherren, Handwerker und Künstler mischten insgeheim eigene Elemente ihres traditionellen Glaubens hinein. Dafür gibt es zahlreiche Beispiele in vielen der barock-katholischen Gotteshäuser. Ein „Trick" in dieser Kirche bestand darin, Licht so geschickt in das Innere fluten zu lassen, dass die Sonne zur Sonnenwende den Altar bescheint und damit gleichsam den Gott der Inkas auch in dieser katholischen Kirche zugegen sein ließ, jedenfalls nach der Überzeugung der Einheimischen. Überhaupt kann gesagt werden, dass die indigenen Götterkulte nie gänzlich ausgelöscht wurden, sondern vielmehr bis heute spezielle Kosmovisionen entstanden sind. Unter diesem Begriff versteht man unauflösliche Mischungen aus Elementen christlicher und vorkolumbischer Kulte, die einen ganz eigenen Katholizismus hervorgebracht haben. Mystische und magische Traditionen vermischen sich mit katholischen Glaubenselementen und prägen damit eine für Europäer kaum verstehbare Volksfrömmigkeit, die bis heute breiteste Schichten umfasst. Das, so kann man vereinfacht sagen, war der indigene Weg, sich der Kolonialisierung zu erwehren: Vordergründig ließen sich die Menschen zu gläubigen Katholiken bekehren, aber unter diesem Deckmantel hielt man an eigenen Glaubensvorstellungen fest und kombinierte beides schließlich sogar miteinander. Infolgedessen entstand ein spezifischer Glaube, der nur mit Einschränkungen als Katholizismus bezeichnet werden kann.

Bei einem Rundgang fielen mir vor allem die großartige Symmetrie des gesamten Innenraums, viele maurische Elemente und die markant gedrechselten salomonischen Säulen im sogenannten italienischen Barock auf. Sie symbolisieren, dass das Leben auf dem Boden beginnt, aber im Himmel endet, wenn man den heiligen Weg des Glaubens geht. Ich schlenderte vorbei an von Sonnenstrahlen umkränzten Gesichtern, und dann sah ich zu meinem Erstaunen mit freien Oberkörpern dargestellte Frauen. Diese ganz ungewöhnliche Freizügigkeit rechtfertigten die Spanier, indem sie sie auf alte griechische Mythologien zurückführten, während die Inkas in ihnen Pachamama[4] verkörpert sahen. Das ist einerseits ein schönes Beispiel dafür, wie Unterdrücker und Unterdrückte eine ganz eigene Symbolik und Interpretationen mit ein- und derselben Darstellung verknüpften. Und es ist andererseits bezeichnend, welche Umwege eine extrem konservative Sexualmoral ging, um sich in Fantasien zu ergehen.

    In der Kuppel ist die Sonne dargestellt und in ihr ein Gesicht mit Sonnenstrahlen. Auffällig ist, dass – wie in sehr vielen Kirchen des Kontinents – nicht Jesus am Kreuz über dem Altar hängt, sondern die Jungfrau Maria zu sehen ist. Die Missionare beabsichtigten, die ursprünglichen Götterbilder durch christliche Heilige auszutauschen. Der Marienkult sollte den Kult der Pachamama ersetzen, und es ist schwer zu beurteilen, inwieweit bis heute in Maria nicht eigentlich die Pachamama verehrt wird.

    Alle in der Kirche auf Bildern zu sehenden Gesichter zeigen – wie in praktisch sämtlichen Barockkirchen Lateinamerikas – europäische Züge. Als einzige Ausnahme kann in gewisser Weise die Jungfrau von Guadalupe in Mexico gelten, die Johannes Paul II. zunächst selig und 2002 sogar heilig sprach. Überhaupt war und ist dieser Papst in Ecuador außerordentlich beliebt. Ganz im Gegensatz zu Papst Benedikt XV., wie Vibeka erklärte, weil Deutschland in den Augen vieler überhaupt kein katholisches Land sei, und schon der Name „Benedikt" würde unsympathisch klingen. Dabei verzog sie

---

[4] Pachamama wird in den Völkern der Anden als weibliche Gottheit verehrt. Sie ist die personifizierte Mutter Erde, die das Leben in vielfacher Hinsicht schenkt. Als omnipotente Göttin nährt sie darüber hinaus alle Kreaturen auf Erden und sie vermittelt zwischen Ober- und Unterwelt. 2008 wurde Pachamama als anerkanntes Grundprinzip in die Verfassung von Ecuador aufgenommen.

das Gesicht, als hätte sie in eine Zitrone gebissen, und wiederholte: „Be-ne-dikkkt! Schrecklich!" Auch möglich, dass dessen konservative Haltung zu allen Fragen, die den Menschen wirklich am Herzen lägen, keine Hoffnung auf Veränderung machten. Was gerne verschwiegen wird: Die Jesuiten, die diese Kirche erbauen ließen, brachten die Schwarzen als Sklaven ins Land, um sie auf den Haciendas arbeiten zu lassen.

Ein Blick Richtung Orgel machte eher den Eindruck, als schaute man auf einen Palast aus Tausendundeiner Nacht als in eine katholische Kirche. Das Tonnengewölbe war wunderbar angestrahlt, ein riesiges Tor verheißt dem Eintretenden Wunderbares, dabei ist es nur der Ausgang …

Nach dem Verlassen der prunkvollen La Compañia schlenderten wir weiter und ich staunte über ein geradezu europäisch-perfekt wirkendes Nahverkehrssystem von Trolly-Bussen, aber Vibeka erläuterte, dass die lange Zeit kaum benutzt worden waren, weil genau dieses Ordnungssystem dem Empfinden der Menschen widerspreche. Es habe Jahre gedauert, bis die Leute sich an regelmäßige Fahrpläne und Fahrkarten gewöhnt hätten. Putzig fand ich die Ampeln für Fußgänger, weil das zum Gehen auffordernde grüne Männchen tatsächliche Gehbewegungen vollführte.

Aus der Kirche Santo Domingo strömten viele Menschen, weil soeben eine Messe zu Ende gegangen war. Ich betrat das eher schlichte Innere, das ähnlich in vielen nicht ganz so prunkvollen europäischen Barockkirchen zu finden ist. Aber es herrschte eine ganz andere Atmosphäre, weil Kirchen in Lateinamerika gleichermaßen Treffpunkt und Ort der Andacht sind: Kinder spielten herum, Leute plauderten und sogar ein Hund lief umher, ohne dass sich daran irgendjemand gestört hätte. Gleichzeitig berührte wenige Schritte weiter eine Frau weinend den roten Umhang einer Statue. Eine andere Frau kniete in einer Nische neben einer Glocke, die sie andachtsvoll betastete. Inbrünstig Betende saßen oder knieten in diversen Nebenkapellen.

In der in roten und goldenen Farben ausgemalten Rosenkranzkapelle wird die auf einem silbernen Thron sitzende Statue der Virgen del Rosario verehrt, die einst als Geschenk von Kaiser Karl V. hierher

gelangte. In dieser häufig durch Erdbeben beschädigten Kirche ist vieles im Laufe der Zeit ersetzt worden, aber die Malereien in der Kuppel sind original erhalten und stammen von typischen Vertretern der sogenannten Escuela Quiteña[5].

Vibeka erklärte, dass sich in früheren Zeiten die reichen Leute in den Seitenkapellen, der Mittelstand im Kirchenschiff und Diener und Sklaven vor der Kirche versammelt hatten, wo bis heute ein großes steinernes Kreuz steht, um das sich diese Menschen einst scharten.

---

[5] Darunter versteht man einen barocken Stil, wie ihn katholische Missionare den angelernten einheimischen Künstlern beibrachten beziehungsweise aufzwangen. Verklärung, Erleuchtung, Erlösung und Bestrafung wurden in überdeutlicher Symbolik dargestellt. Zu bewundern ist neben dem spezifischen Stilgemisch vor allem die Kunstfertigkeit der indigenen Künstler, die es auch verstanden, die Symbolik des ursprünglichen eigenen Glaubens in die der europäischen Tradition und Geschichte unauffällig einzufügen.

Natürlich konnten sie nicht hören, was drinnen gepredigt wurde, aber da die Messen auf Latein zelebriert wurden, war das sowieso egal. Passend dazu steht mitten auf der Plaza Santo Domingo ein Denkmal für General Antonio Jose de Sucre, dessen ausgestreckter Arm auf den Vulkan Pichincha weist, an dessen Abhängen Soldaten unter seiner Führung am 25. Mai 1822 die entscheidende Schlacht gegen die Spanier schlugen, die Ecuador die Unabhängigkeit brachte.

Am späten Nachmittag besuchten wir das in Quito Nuevo gelegene Museo del Banco Central. Es gilt als das beste Museum Ecuadors, und tatsächlich wird in diesem modernen Gebäude die Landesgeschichte auf drei Stockwerken ausgezeichnet präsentiert. Wir widmeten uns fast ausschließlich der bestens aufgebauten Sammlung vorkolumbischer Artefakte verschiedener Vor-Inka-Kulturen sowie der Inka-Zeit. Vor allem Töpferarbeiten, die profanen oder sakralen Zwecken dienten, und Schmuckstücke fanden unsere Aufmerksamkeit. Das vielleicht spektakulärste Ausstellungsstück ist eine Sonnengott-Maske der La Tolita-Kultur aus der Pazifik-Region, die um die zweitausend Jahre alt sein mag, aber wie neu gefertigt wirkte.

Für die ausgestellten Bilder einheimischer Künstler aus dem 19. und 20. Jahrhundert oder für die religiösen Bilder der spanischen Kolonialherren in den oberen Stockwerken hatten wir nur noch wenig Konzentration übrig.

Wir verließen Quito durch dichten Feierabendverkehr, den gegenwärtig pro Tag über 380.000 Autos, 4300 Busse und 3500 Taxis bestreiten. Die andere Seite der Stadt konnten wir aus der Ferne vorüberziehen sehen, nämlich die ärmlichen, sich regellos die Hänge hinauf ziehenden Behausungen. Hier leben nämlich die Wohlhabenden im Tal, während die Armen ihre Hütten die Berghänge hinauf gebaut haben, wo man sie gewähren lässt, wo sie aber auch weitgehend ohne Strom, Wasser und Kanalisation auskommen müssen. Als Reisender, der nur kurz in dieser Stadt verweilt, bekommt man nicht viel von den sozialen Unterschieden mit. Im Gegenteil: Quito ist zwar eine Stadt mit einem sehr deutlichen Kontrast zwischen der von der Kolonialzeit geprägten Altstadt und der sie umgebenden Moderne, aber sie hat ein sehr angenehmes Klima, und das bezieht sich durchaus nicht nur auf die Temperaturen und die klare Höhenluft, soweit sie nicht von Abgasen belastet ist. Gern hätte ich hier mehr als die zwei uns zur Verfügung stehenden Tage verbracht, denn Quito bietet zahlreiche weitere Sehenswürdigkeiten und Möglichkeiten für attraktive Aktivitäten. Wer beispielsweise die spanische Sprache erlernen oder seine Kenntnisse vertiefen möchte, findet zahlreiche Kurse und Angebote.

In Richtung Sierra

Als Sierra wird die Andenregion des Landes bezeichnet, die in die West- und die Ostkordillere (Cordillera Occidental beziehungsweise Cordillera Oriental) unterteilt wird. Die dazwischen verlaufende Grabensenke ist bis zu 100 Kilometer breit und liegt in einer Höhe von 2500 bis 3200 Metern. Sie ist durch Quergebirge in rund fünfzehn meist dicht besiedelte Hochtäler gegliedert. Flüsse und Bäche haben mitunter tiefe Schluchten in die weiche Vulkanerde geschnitten. In der Ostkordillere befinden sich dreißig Vulkane, von denen noch neun aktiv sind. Die Felder der Einheimischen bedecken die Flanken der Berge bis zu einer Höhe von 3500 Metern. Vulkanische Ascheschichten sind die Ursache für die große Fruchtbarkeit der Böden, die aber mittlerweile stark von Erosion bedroht sind. Bis zur Schneegrenze in circa 4600 Metern Höhe erstreckt sich die sogenannte Páramo-Vegetation[6]. Dort sorgt das nasskalte Klima mit fast ständigem Nebel und häufigen Regenschauern dafür, dass hier fast ausschließlich Büschel- und Hartgräser wachsen.

---

[6] Unter „Páramo" versteht man eine Vegetationsform in den Höhenlagen der Gebirge in tropischen Ländern wie Ecuador. Páramolandschaften befinden sich oberhalb der Baumgrenze zwischen circa 3200 und 4800 Metern in feuchtem Klima. Sträucher sind oft nur noch in Krüppelformen vorhanden, während Farne und Kräuterpflanzen häufig vorkommen. Hinzu kommen meterhohe Pflanzen aus verschiedenen Familien.

Auf der Straße der Vulkane, Teil 1

Erste Übernachtung in einer Hacienda[7], das Naturreservat Cotacachi und der Indianermarkt in Otavalo

„Raus aus der Stadt, hinein in die Natur!", so mein Empfinden, als unser Bus Quito in nordöstliche Richtung verließ. Endlich ging es los, den Naturschönheiten des Landes entgegen!

Wir fuhren auf der berühmten Panamericana, der sogenannten „Traumstraße der Welt". Das ist, wie man meinen könnte, keine einzelne Straße, sondern vielmehr ein Straßennetzwerk von circa 48.000 Kilometern, das den gesamten amerikanischen Kontinent von Alaska bis Feuerland durchzieht. Dieser Abschnitt, der sich zwischen den westlichen und östlichen Kordilleren in einer Höhe von etwa zwei- bis dreitausend Metern durchs Hochland schlängelt, wurde einst von Humboldt als „Straße der Vulkane" bezeichnet. Nirgends auf der Welt reihen sich nämlich derartig viele Vulkane auf engstem Raum aneinander, und uns bot sich davon ein erster Eindruck, als nach circa sechzig Kilometern Fahrt der 5796 Meter hohe Cayambe sichtbar wurde. Dieser erloschene Vulkan ist der dritthöchste Berg des Landes, er ist fast immer schneebedeckt[8] und liegt genau auf dem Äquator[9]. Natürlich ließen wir uns die Gelegenheit

---

[7] Ich verwende durchgängig die spanische Schreibweise.
[8] Seit aufgrund der Klimaveränderung die Gletscher immer weiter abtauen, gibt es keinen vereisten Punkt mehr auf dem Äquator.
Jedoch ist der Südhang des Cayambe in der Regenzeit häufig verschneit.
[9] D.h. fast genau, denn der Gipfel liegt etwa 4 Kilometer nördlich der Äquatorlinie.

nicht nehmen, das Überschreiten des Äquators mit einem Schluck „Feuerwasser" zu feiern.

Die Hacienda La Guachalá
Gespannt war ich auf die erste Übernachtung in einer landestypischen Hacienda, denn die legen ebenso wie die barocken Kirchen Quitos oder Cuencas Zeugnis von dem einstmaligen kolonialherrschaftlichen Feudalsystem[10] ab, mit dem die Spanier das Land seit Mitte des 16. Jahrhunderts überzogen. Waren die Haciendas einst „schweigende Beobachter von kaum vorstellbaren Grausamkeiten, von brutaler Ausnutzung und Unterdrückung der indigenen Bevölkerung, (die jedoch) auch wohlwollende Patriarchen und fürsorgliche Feudalherren (wahrnahmen), die durchaus gemeinsame Werte mit ihren Vasallen hatten"[11], so werden heute viele dieser einstigen Herrschaftshäuser als Hotels genutzt.

Wir übernachteten in der ältesten noch erhaltenen Hacienda Ecuadors namens La Guachalá, die 1580 gegründet worden war. Als Zimmer dienten umgebaute Pferdeställe, die groß, rustikal möbliert und mit einem Kamin versehen waren, der angesichts der kühlen Abendtemperaturen gern hätte befeuert sein dürfen. Alles wirkte trotz diverser Renovierungen schlicht und deswegen auf eine bestimmte Weise authentisch. Der Wind pfiff um die Gebäude, die Nacht war schwarz, die trüben Lampen mit ihren schiefen Schirmen und groben hölzernen Füßen warfen lange Schatten auf die hohen weißen Wände. Und doch fühlten wir uns behaglich in diesem rauen Ambiente, in dem einstiger, von härtester Arbeit geprägter Alltagsbetrieb noch spürbar war.

Rosen und Eukalyptusbäume für den Export
Die morgendliche Fahrt in Richtung Cayambe führte an riesigen Gewächshäusern vorbei, in denen vor allem Rosen gezüchtet werden, die weitgehend für den Export in die USA und nach Holland bestimmt sind. Man produziert aber nicht nur die gängigen Pflanzen in den be-

---
[10] Unter einer Hacienda versteht man ursprünglich einen landwirtschaftlichen Großbetrieb, der sich auf ein Monopol an Boden und die Leibeigenschaft der um sie herum lebenden und auf ihr arbeitenden Menschen gründet.
[11] Daniel A. Kempken. Schlaglichter Ecuador. Berlin 2005, S.26.

kannten Formen und Farben, sondern es wird darüber hinaus viel experimentiert. Zum Beispiel werden verschiedene Blumenarten für die internationalen Märkte gekreuzt, weil immer Neues angeboten werden muss, um die Nachfrage zu erhalten beziehungsweise zu steigern. Gut für die einheimische Bevölkerung, die dadurch Arbeit hat, schlecht für die Umwelt wegen der ungehemmt eingesetzten Pestizide, und man kann sich fragen, inwieweit es sinnvoll ist, derart manipulierte Pflanzen zu züchten, um sie dann per Flugzeug nach Europa zu schaffen. Außerdem werden mittlerweile unter anderem auch Champignons und Schnecken für den französischen Markt gezüchtet.

Wir passierten große Anpflanzungen mit Eukalyptusbäumen, die ursprünglich aus Australien stammen. Sie werden hier überall kultiviert, weil der Export nach China gute Erlöse bringt. Dort dienen sie zur Herstellung von Papier. Hört sich gut und sinnvoll an, aber diesen Anpflanzungen werden die einheimischen Bäume mit unabsehbaren, mit Sicherheit aber schädlichen Folgen für die Natur geopfert, denn die Eukalyptusbäume saugen sehr viel Wasser, wodurch der Boden erodiert.

Im Cotacachi Cayapas Naturreservat
Vielleicht lag es daran, dass es unsere erste Wanderung auf dieser Reise war, vielleicht hatten wir uns auch noch nicht ganz akklimatisiert, wahrscheinlich war beides ein bisschen der Grund dafür, dass uns diese Wanderung auf dem Kraterrand der Lagune Cuicocha nicht so leicht fiel, wie sie in den gängigen Reiseführern beschrieben wird.

Die Wanderung begann auf 3300 Metern Höhe, und der höchste Punkt des gut markierten, knapp dreizehn Kilometer langen Fußwegs lag 350 Meter höher. Das klingt nicht gerade nach einer zu großen Anstrengung, aber wer was als wie anstrengend empfindet, hängt natürlich von den individuellen Voraussetzungen ab. Vielleicht sind an dieser Stelle ein paar grundsätzliche Tipps für derartige Wanderungen angebracht: Vorausgesetzt werden geeignete, vorher gut eingetragene Wanderschuhe und dem Klima entsprechende Kleidung (Genaueres unter „Praktische Hinweise"). Beim Wandern sollte man durch die Nase atmen, langsam und stetig gehen und viel trinken. Ich empfand es als sehr nützlich, Wanderstöcke zu benutzen. Sonnenschutzmittel, eine Kopfbedeckung und ein ausreichender Wasservorrat sind unerlässlich.

Die Sicht war völlig klar und bot alle paar Schritte großartige Aussichten, die eifrig genutzt wurden, um zu fotografieren, ein wenig zu verschnaufen oder einen Schluck Wasser zu trinken. Rund 230 Meter tiefer lag die Cuicocha-Kraterlagune mit ihren zwei Inseln Teodoro Wolf und Yerovi, im Hintergrund ragte der fast immer zu sehende, 4939 Meter hohe Cotacachi aus der die Lagune umgebenden andinen Bergkette heraus.

Wir befanden uns in der nach dem gleichnamigen Vulkan benannten Provinz Imbabura, die wegen ihrer über vierhundert Seen auch „Seenprovinz" genannt wird. Während unser Bus die Laguna San Pablo passierte, erzählte Vibeka uns ein wenig von der Mythologie der Indígenas[12], die in den Bergen göttliche Wesen sehen würden. So besagt eine Legende beispielsweise, dass der weibliche Cotacachi mit dem männlichen Imbabura verheiratet war und die Berge dazwischen als ihre Nachkommen gelten.

---

[12] Die Vereinten Nationen ersetzten Begriffe wie „Ureinwohner", „Naturvolk" oder „Eingeborene" durch den neuen Begriff „Indigene Völker", dem kein diskriminierender Charakter anhaftet. Dieser Begriff wird heute in Ecuador selbst verwendet, und deshalb benutze ich ihn auch ab hier, um die entsprechenden Bevölkerungsgruppen im heutigen Ecuador zu benennen.

Die hier lebenden Otavaleños, einer der größten Indianerstämme in Ecuador, sind auf Textilarbeiten spezialisiert. Unser Ziel war der weithin bekannte Samstagsmarkt in Otavalo, auf dem die kunsthandwerklichen Produkte der gesamten Umgebung angeboten werden. Wir waren wegen der langen Wanderung spät dran und das Marktgeschehen löste sich bereits auf. Aber es blieb genug Zeit, um sich vor allem die hier typischen Webwaren von guter Qualität anzusehen. Ergänzt wurde das Angebot von Malereien, Silberwaren und auch einigem Kitsch. Naturgemäß fanden die Waren mehr das Interesse der Frauen, während die Männer auf der Suche nach einem Bier schnell in einer nahegelegenen Eckkneipe fündig wurden.

Der Gemüsemarkt von Ibarra und das Schutzgebiet von El Ángel

Vor Taschendieben wurde nachdrücklich gewarnt, bevor wir über den Gemüsemarkt von Ibarra schlenderten. Ja, gerade den älteren, so harmlos freundlich lächelnden Frauen sei überhaupt nicht zu trauen, warnte Vibeka und dementsprechend verstauten und versteckten alle ihre Wertsachen besonders sorgfältig und banden die Kameras an den Handgelenken fest. Doch dann wirkte das Marktgeschehen derart harmlos, dass mir diese Vorsichtsmaßnahmen übertrieben erschienen. Aber besser so als zu sorglos.

Auf dem Markt gab es so ziemlich alle Nahrungsmittel zu kaufen, die der Mensch zum Leben braucht. Gut genährte Verkäuferinnen saßen hinter Obstpyramiden, Gemüsebergen oder den dampfenden

Kesseln ihrer Garküchen. Schwarze aus dem Chota-Tal boten ihre Waren ebenso an wie Mestizen[13] und Indígenas mit ihren Filzhüten und stammestypischen Trachten. Waren wurden aufgestapelt, sortiert, abgewogen oder verpackt, Preise verhandelt, ein kleines Schwätzchen gehalten. Wunderschöne Blumengebinde und -girlanden standen und hingen neben prallen Würsten. Fettglänzende Schweinshälften brodelten neben suppigen Fleischgerichten in riesigen Pfannen und Töpfen aller Art. Säcke, Körbe, Beutel und Kisten voller Obst, Gemüse und Gewürze lagen und standen auf dem Boden, auf Regalen oder Tischen. Kleinkinder turnten zwischen den ausgebreiteten Waren herum. Viele der Einheimischen ließen sich trotz der frühen Morgenstunde bereits deftige Mahlzeiten schmecken, und wir erfuhren, dass die Ecuadorianer es lieben, eigentlich zu jeder Tageszeit gern, gut, reichlich und fett zu speisen. Vibeka begründete das einerseits mit der Höhenlage des Landes, deretwegen man schon zum eigenen Schutz ein gutes Polster auf den Rippen bräuchte, und augenzwinkernd ergänzte sie, dass die Männer auch keine dünnen Frauen mögen würden: „Die wollen etwas zum Anfassen!", strahlte sie, und wenn man sich so umsah, dann wurde jedem Betrachter schnell klar, dass hier mit Sicherheit nicht das in Europa und den USA gängige Schönheitsideal klapperdürrer Models gelten konnte.

Wir nutzten die Gelegenheit, um uns für die bevorstehende Wanderung mit Proviant zu versorgen. Vibeka wusste natürlich genauestens über Qualitäten und Preise Bescheid, und so kamen wir für sehr wenig Geld zu einer Menge von erstklassigen Tomaten, Avocados, Bananen, Gurken, Paprika und weiteren exotischen Früchten, die später in der Natur – ergänzt durch Brot, Käse und Wurst – zu sehr schmackhaften Picknicks arrangiert wurden. Jeder trug davon in seinem Tagesrucksack so viel, wie er oder sie konnte oder wollte. Wasser für den persönlichen Bedarf nahm jeder für sich mit. Nach diesem Muster lief die Verpflegung auf allen Wanderungen ab. Als Ergänzung dazu gab es abends in den Hotels oder Haciendas ausgesprochen leckere Abendessen in sehr gepflegter Atmosphäre.

---

[13] Darunter versteht man Menschen, die sowohl europäische als auch indigene Vorfahren haben.

Aber das Marktgeschehen bot auch besonders gute Möglichkeiten, die Menschen in ihren Bewegungen und Verhaltensweisen zu beobachten und ihre Gesichter zu studieren. Sie waren geschäftig, wirkten dabei gleichzeitig fröhlich und entspannt. Wir selbst wurden dagegen kaum beachtet und fotografierten eifrig, nicht aber ohne um Erlaubnis zu fragen. Eine Gruppe feixender junger Männer bot mir einen etwas Schüchterneren aus ihrer Mitte lachend als Fotoobjekt mit den Worten an: „El más feo de nosotros! Der Hässlichste von uns!"

Auf der Weiterfahrt durchquerten wir das Chota-Tal, die einzige Region des Landes mit einer fast ausschließlich schwarzen Bevölkerung. Es sind Nachfahren der im 17. und 18. Jahrhundert von Jesuitenmönchen versklavten Afrikaner, die heute in dieser wüstenartigen Gegend ein von außen weitgehend ungestörtes, unabhängiges Leben führen können. Die hohen Temperaturen lassen tropische Früchte gut gedeihen, die unter anderem auch auf dem Markt von Ibarra angeboten werden. Vor allem aber sind die Fußballer dieses Tales bekannt und berühmt, und ganz Ecuador ist stolz auf seine weitgehend schwarzen Kicker, die bei der Weltmeisterschaft in Deutschland 2006 sehr respektabel abschnitten[14].

Wir fuhren die steile Westkordillere hinauf zum Reserva Ecológica El Ángel – so die offizielle Bezeichnung dieses 1992 zum Schutzgebiet erklärten Naturparks, der fast 16.000 Hektar groß ist. Unsere Wanderung verlief

---

[14] Ecuador qualifizierte sich nach Siegen über Polen (2:0) und Costa Rica (3:0) bei einer Niederlage gegen Deutschland (0:3) überraschend für das Achtelfinale, das dann knapp mit 0:1 gegen England verloren wurde.

in einer Höhe von knapp 4000 Metern und bot schöne Ausblicke auf weitgeschwungene Täler, die von sanft anmutenden Bergketten gesäumt wurden. Charakteristisch für die Páramolandschaft des Parks sind die bis zu mehrere Meter hohen, sogenannten Mönchsgewächse, deren eigentlicher Name „Frailejones" ist. Diese Staudenart prägt mit ihren samtartigen, wasserspeichernden Blättern, die ein wenig an den „Schopf" einer Ananas erinnern, den Gesamteindruck dieser Landschaft.

Es wehte ein kräftiger Wind, und die Temperaturen lagen kaum über zehn Grad. Ein kleines Polylepis-Wäldchen[15], das aus über dreihundertfünfzig Jahre alten Bäumen bestand, lud mit seiner völligen Stille zum Verweilen und Ausruhen ein. Ein Bach plätscherte vorbei und mündete in einen kleinen See, aus dem in Ufernähe abgestorbene Stümpfe und Äste ragten, auf der Wasserfläche spiegelten sich vorbeiziehende Wolken.

Da die Wanderung zeitig beendet war, fragte Michael, ob wir die Gelegenheit nicht nutzen könnten, um irgendwo einen Kaffee zu trinken. Das sei an einem Sonntag auf dem Lande gar nicht so leicht, meinte Vibeka, aber sie habe da eine Idee.

Wenig später hielt unser Bus vor einem flachen Gebäude, das von außen wie ein gewöhnliches Wohnhaus aussah, aber innen wiesen Tische und Stühle darauf hin, dass es sich tatsächlich um eine Art von – ja, wie soll man es ausdrücken – Ort der Bewirtung handelte. Wer allerdings von einem Café nach heimatlichem Maßstab geträumt hatte, musste seine Vorstellungen beim Betreten augenblicklich korrigieren: Plastikstühle umstanden karge Resopaltische, auf denen allerdings kleine Vasen mit künstlichen Blumen standen, und diese Vasen waren sogar mit einem Knopfdruck von innen zu beleuchten! Die Wände waren weiß gekalkt, und während wir auf Kaffee und Tee warteten, blieb Zeit zum Umherschauen: Gerade über mir hing das Plakat einer Traumlandschaft und darauf stand: „El paraiso más cercano al cielo", also „Das dem Himmel nächste Paradies". Weitere Bilder zeigten idealisierte chinesische Landschaften, einen Eisbären (!)

---

[15] Die Gattung Polylepis umfasst ungefähr sechsundzwanzig Arten. Sie kommen in den süd-amerikanischen Anden vor. Die kleinen, knorrig wirkenden Bäume werden ein bis sechs Meter hoch und haben eine rötliche Rinde.

und Luxusautos – alles aus Zeitschriften ausgeschnittene Seiten. Auf einem Eckregal hockte eine Art unvollständige Barbie-Puppe. Die heißen Getränke kamen, die Betreiberin des Ladens stellte netterweise Kekse auf die Tische, wir spielten gut gelaunt mit den künstlich zu beleuchtenden Blumenvasen herum, ein paar Einheimische lugten neugierig durch die Tür, denn so voller exotischer Gäste war das Café sicherlich noch nie gewesen. Es wurde gelacht und gescherzt, und dann forderte man uns zu einem Gruppenfoto mit der Gastgeberin in unserer Mitte auf. Sicher wird dieses Bild mittlerweile dort an ihrer Wand hängen.

Wanderung am Fuße des Pichincha und die Hacienda La Ciénega

Vom nördlichsten Punkt unserer Reise, dem Naturreservat El Ángel, fuhren wir auf der Panamericana Norte zurück in Richtung Quito und durchquerten dabei die Provinz Imbabura.

Die wunderschöne Fahrt führte durch weit geschwungene Täler mit Feldern und kleinen Dörfern, hinter denen die mächtige Bergkette der Anden lag. Nicht weit vor Quito grüßte der Cayambe mit seinen eisbedeckten Flanken. Am Rande der Stadt wurde in einem supermodernen Shopping-Center für das mittägliche Picknick eingekauft. Von Dritte-Welt- oder Schwellenland-Atmosphäre war wie schon in jenem Einkaufszentrum in Quito angesichts der Qualität und Breite des Angebotes rein gar nichts zu sehen und zu spüren. Dieser abrupte Kontrast von der einsamen, kargen, rauen, majestätischen Natur oder vom so liebenswert einfachen Café vorhin zu der sterilen, hochglanzpolierten Heilewelt-Atmosphäre hier bewirkte bei mir – erst recht in meiner rustikalen Wanderkleidung – ein Gefühl des Nichthierhergehörens.

Als sich wenig später unser Bus dem 4794 Meter hohen Pichincha näherte, fühlte ich mich an einen Skiurlaub in den Alpen erinnert: Das Panorama mit den zum Teil schneebedeckten Bergen, das Präparieren der den Skistöcken ähnlichen Wanderstöcke, das Schnüren der Stiefel und schließlich die Seilbahn, die hier Teleférico heißt. Plärrende Musik empfing uns an der Talstation, allerdings leierten hier vom Band statt Tiroler Volksmusik oder Hütten-Gassenhauern geschmeidige Panflötenmelodien. Die Seilbahn beförderte uns auf eine Höhe von 4080 Metern, und die anschließende Wanderung führte bis auf 4400 Meter. Die Täler unterhalb des Pichincha ähnelten ein wenig norwegischen Fjordlandschaften. Die Felsen waren schroff, von Rinnen durchfurcht und nur von flacher Páramo-Vegetation bewachsen. Man hatte einen fantastischen Blick auf das in ein Tal wie hingegossene Quito, auf die beiden Gipfel des Pichincha[16] und – abhängig von den Sichtverhältnissen – auf bis zu zwölf Vulkane der Umgebung.

Nach dem mittäglichen Picknick suchten wir Mulden oder andere geschützte Plätze auf, um ein wenig auszuruhen. Über die strich kräftiger Wind, der ein anheimelndes Rascheln in den Grasbüscheln ringsumher bewirkte. Die Sonne wärmte und es stellte sich ein behagliches, gesättigtes, restlos zufriedenes Gefühl von Ruhe und Schläfrigkeit ein.

Wir übernachteten in der mit ihren 350 Jahren zweitältesten Hacienda Ecuadors namens La Ciénega. Die dicken Mauern beherbergten ge-

---

[16] Der Rucu Pichincha ist seit langem erloschen, während der Guagua Pichincha 1999 zum bisher letzten Mal ausbrach und Quito mit einer zwei Zentimeter dicken Ascheschicht bedeckte.

schmackvoll eingerichtete Räumlichkeiten, die zwischen gediegener Eleganz, rustikaler Notwendigkeit und den Erfordernissen eines modernen Hotels konzipiert waren.

Ein Gemälde wohl aus dem 17. Jahrhundert hing in einer Nische, schräg von unten durch vier Kerzen eines Kandelabers flackernd beschienen, große Blumengebinde schufen einen weichen, farbigen Kontrast zu den dunklen, großen, schweren Möbeln und rauen Fliesen.

Der Speisesaal war halbhoch mit Holz vertäfelt, in die Wände eingelassene Vitrinen bargen wertvolles Porzellan, das Mobiliar war großformatig, die lange Tafel festlich gedeckt und mit Kerzen und Blumen dekoriert. An den Wänden hingen alte Gemälde, Wandteller sowie kupferne Töpfe und Pfannen. Im Hintergrund knisterte Holz in einem großen Kamin und verbreitete zu einem vorzüglichen Steak nach Art des Hauses behagliche Wärme.

Anschließend spielte die Gruppo de música latinoamericano Cotopaxi sehr gekonnt typische Lieder, und Vibeka erklärte zwischendurch die von den Musikanten verwendeten Instrumente. Für zehn Euro konnte die angebotene CD der Gruppe als Mitbringsel erworben werden, bevor wir den Tag bei Cocktails im Kaminzimmer stilvoll ausklingen ließen.

Anfang des 19. Jahrhunderts unternahm Alexander von Humboldt (1769 bis 1859) eine mehrjährige Forschungsreise nach Mittel- und Südamerika, die vielfach als die bedeutendste Forschungsreise eines einzelnen – natürlich hatte auch er Begleiter – überhaupt angesehen wird.

Berühmt ist die Hacienda La Ciénega vor allem, weil Humboldt in ihr im Jahr 1802 vier Wochen lang logierte. Er wohnte damals in Zimmer Nr. 7, wenige Schritte von unserer Nr. 5 entfernt. Aber trotz dieser Nähe konnten wir selbst um Mitternacht nichts von dessen Geist spüren, wie es die Legende verheißt ... Dabei wäre das mit Sicherheit ein spektakuläres Erlebnis der ganz besonderen Art gewesen, gilt doch Humboldt nicht nur als genialischer Universalgelehrter, sondern nach Simón Bolívar auch als „eigentlicher Entdecker Amerikas". Und das im besten Sinne des Wortes, denn einerseits bedeuten seine geografischen und biologischen Forschungen eine wirkliche Entde-

ckung (und eben keine Besetzung) dieses Kontinents, und andererseits anerkannte dieser deutsche Wissenschaftler dessen kulturelle und naturhistorische Eigenständigkeit. Humboldt wird wegen seiner naturwissenschaftlichen Verdienste und wegen seiner Haltung gegenüber Land und Leuten – er war zum Beispiel ein strikter Gegner der Sklaverei – auch in Ecuador bis heute in höchstem Maße geschätzt und verehrt.

Am nächsten Morgen drückte ich einfach auf die Türklinke des Cuarto de Humboldt, und tatsächlich war das Zimmer unverschlossen. Andächtig streifte ich durch die geräumige Suite mit dem vielleicht noch originalen Mobiliar, jetzt natürlich ergänzt durch Telefon, Heizung und ein modernes Bad. Ich schaute durch zwei Flügeltüren auf den großen Balkon und konnte mir gut vorstellen, wie der Forscher hier vor gut zweihundert Jahren seine Exkursion auf den Chimborazo geplant haben könnte. Ohne größere Vorbereitung und ohne entsprechende Ausrüstung gelangte er dann auf die erstaunliche Höhe von etwa 5900 Metern. Das war zwar fast 400 Meter unterhalb des Gipfels, aber dennoch ein Weltrekord zur damaligen Zeit und angesichts der mangelhaften Ausrüstung eine kaum glaubliche Leistung, auf die Humboldt auch sein Leben lang stolz gewesen war.

Vor der Abfahrt blieb noch Zeit für einen kurzen Rundgang durch den gepflegten Garten der Hacienda, in deren Mitte ein kleiner Brunnen plätscherte. Bei der Besichtigung der angrenzenden Kapelle sollte man die Tür schließen, um die intime, feierliche Atmosphäre zu spüren. Innen ist alles in einem feinen Barock gehalten, das Hauptmaterial ist Mahagoni-Holz.

Auf der Hochebene am Fuße des Cotopaxi

Bei der Abfahrt von La Ciénega bestieg eine Indígena mittleren Alters unseren Bus. Sie hieß Maria und bot neben Mützen und Handschuhen auch auf Schafleder selbst gemalte Bilder an. Naive Malerei, gewiss, aber von sympathischer Art. Und bei Preisen ab vier US-Dollar ein preiswertes, typisches Mitbringsel. Außerdem sollte man wissen, dass es Kunst in dem uns bekannten Sinne unter den Indígenas traditionell nicht gibt. In indianischen Sprachen existierte der Begriff Kunst ursprünglich nicht einmal, weil – ähnlich wie in früheren Hochkulturen (zum Beispiel der ägyptischen) oder auch im europäischen Mittelalter – nicht zwischen Handwerk und Kunst unterschieden wurde. Diesen Malern kam und kommt es also nicht auf einen wie auch immer zu definierenden künstlerischen Anspruch an, sondern es geht ihnen ausschließlich um das Dargestellte an sich, das meist auf einem religiösen oder mythologischen Hintergrund basiert.

Marias Bilder hatten allesamt nur ein Motiv, nämlich den Cotopaxi, allerdings zu verschiedenen Phasen des Jahres oder während eines Ausbruches. Das weist auf die enorme Bedeutung dieses Vulkans für die einheimische Bevölkerung hin, der seit ewigen Zeiten als heiliger Berg verehrt wird, der Regen spendet und als Sitz der Götter gilt. „Cotopaxi" bedeutet übersetzt aus dem Quischua „Hals des Mondes", denn bei Vollmond soll der Lichtstrahl zur Spitze des Vulkans wie dessen Hals aussehen. Eine andere Übersetzung bedeutet in etwa „Thron des Mondes", weil es bei einer bestimmten Gestirnskonstellation aussieht, als säße der Mond auf dem Vulkan. Mit seinen 5897 Metern ist der circa fünfzig Kilometer südlich von Quito gelegene Cotopaxi der zweithöchste Berg des Landes und einer der höchsten aktiven Vulkane der Welt überhaupt. Das erste Mal wurde er – jedenfalls nach den überlieferten Aufzeichnungen – im Jahr 1534 aktiv, also gerade zu jener Zeit, als sich die Einheimischen verzweifelt gegen die spanischen Eroberer zur Wehr setzten. Auf die Eindringlinge wirkte der Vulkanausbruch wie ein Wunder, denn so etwas hatten sie in ihrer Heimat natürlich noch nie gesehen. Vielleicht mag er ihnen auch wie eine Art Willkommens- und Begrüßungsfeuerwerk erschienen sein. Die Einheimischen interpretierten dieses Naturphänomen dagegen fatalerweise als absolut negative Botschaft ihrer Götter, die ihnen zürnten, weil sie die Fremden nicht freundlich wie Gäste behandelt hatten. Wie man weiß, eine Fehlinterpretation mit fatalen Folgen.

Wir fuhren auf der südlich von Quito beginnenden Panamericana Sur, die sich zwischen der östlichen und westlichen Kordillere entlang schlängelt. Deren etwa dreihundert Kilometer langer Abschnitt bis Riobamba wird nach Humboldt „Straße der Vulkane" genannt, und bei klarer Sicht lässt sich eine ganze Reihe von ihnen bequem vom Autobus aus sehen.

Endlich näherten wir uns dem heiligen Berg, der seit 1738 etwa fünfzig Mal ausgebrochen ist. Zum bisher letzten Mal 1904, danach ist er – mit einer weniger schwerwiegenden Ausnahme 1942 – seit nunmehr über einhundert Jahre ruhig geblieben. 2007 erschütterte ein ganz leichtes Erdbeben die Umgebung. Daraus schlossen Wissenschaftler, dass das Magma, welches sich in 320 Metern Tiefe befindet, arbeitet. Als weiteres Indiz für möglicherweise bevorstehende vulkanische Aktivitäten gelten Berichte von Bergsteigern, die Schwefelgerüche an seinem Kraterrand wahrgenommen haben. Weil befürchtet wird, dass der Vulkan in absehbarer Zeit erneut ausbrechen könnte, wird er äußerst genau beobachtet. Solch ein Ausbruch könnte, so die

Berechnungen der Wissenschaftler, einen Lavastrom mit einer Geschwindigkeit von etwa zweihundert Kilometer pro Stunde bergab rasen lassen, der in Richtung Quito liegende besiedelte Täler mit Sicherheit verschütten würde ...

Auf einer Schotterpiste näherten wir uns dem 33.000 Hektar großen Cotopaxi-Nationalpark, der als einer der attraktivsten des Landes gilt. Es war jedoch sehr neblig, sodass man befürchten musste, selbst auf der Hochebene keine Sicht auf den Vulkan zu haben. Ab einer Höhe von 3000 Metern wurde es zwar klarer, allerdings verhüllten sich der 4675 Meter hohe Rumiñahui, ebenfalls ein Vulkan, sowie der Cotopaxi beharrlich weiterhin in Nebel und Wolken.

Unsere Wanderung führte über das 3800 Meter hohe, von Páramo-Vegetation bewachsene Plateau, auf dem unter anderem Lamas, Alpacas, Anden-Füchse und Wildpferde leben, denen wir bald begegneten. Einst gehörten sie zu Haciendas, gingen irgendwie verloren, wurden ausgesetzt oder waren ausgebrochen und wurden so zu „wilden" Pferden, die auf sich allein gestellt zum Beispiel in dieser Gegend ihren Lebensraum fanden.

Jetzt standen einige von ihnen gegen das Licht, ihre Mähnen und Schweife flatterten im kräftigen Wind, und als wir versuchten näherzukommen, wichen sie zurück und hielten Distanz. Ein Cara-Cara schwebte über uns, und später sollten wir auch noch einen Adler

sehen. Mollig warm in dicke Jacken mit Kapuzen verpackt, wanderten wir über die weite, leicht geschwungene Ebene. Unter dem strahlenden Blau des Himmels wogten und raschelten gelbgrüne, heideartige Büschel- und Horstgräser im kräftigen Wind. Gelbe, scharlachrote, rosafarbige oder violette Blüten diverser Sträucher sowie Poster- und Rosenpflanzen, deren Blätter meist dick, klein und zu symmetrischen Rosetten angeordnet sind, wirkten wie Farbtupfer. Das Wachs auf der Haut der Blätter schützt die Pflanzen vor der Austrocknung. Wie kleine Signale leuchteten die orangefarbenen Blüten der stacheligen Chuquiragua jussieui. Wir wanderten an bleichen Schädeln verendeter Pferde und bizarr von Wind, Wetter und Moosen gezeichneten Gesteinsbrocken vorbei. Die Natur war karg und von großer Einsamkeit geprägt.

Als wir an einer zwischen fünf und zehn Meter breiten Rinne standen, die 1904 von einem Lavastrom in die Erdkruste im wahrsten Sinne des Wortes gebrannt worden war, konnte man sehr gut die übereinander liegenden Erd- und Gesteinsschichten unterscheiden: Die gelben zeigten Spuren von Schwefel, das Rot war durch die Hitze der Lava entstanden. Jeder hat schon einmal im Fernsehen Bilder von Vulkanausbrüchen und glühenden Lavaströmen gesehen, aber jetzt, inmitten dieser Rinne, schien mir die Gewalt eines derartigen Naturereignisses kaum vorstellbar. Einen Tag, sagte Vibeka, werde sie nie vergessen, und ihr sonst immer so fröhliches Gesicht trug bei der nachfolgenden Schilderung sehr ernste Züge: „Einhundertzwanzig Kilometer westlich von Quito liegt mitten im Regenwald der mit seinen 3562 Metern vergleichsweise kleine Vulkan Reventador. Der brach zwar seit 1541 immer mal wieder aus, war aber seit einiger Zeit relativ ruhig geblieben, bis zum 22. November 2001. Zwei Stunden nach seinem Ausbruch war es in Quito dunkel wie in einer Nacht. Dann lag die Stadt unter einer zwei Zentimeter dicken Ascheschicht. Der Flughafen und alle Straßen mussten gesperrt werden. Der Ascheflug reichte sogar bis zu den eintausend Kilometer entfernten Galapagos-Inseln. Es dauerte Tage, bis alle Asche mit Besen in Handarbeit entfernt war. In speziellen Plastiksäcken wurde die Asche gesammelt, an die Küste gebracht und als Dünger verwendet. Sehr fruchtbar und besonders gut für Bananen-, Kakao- und Kaffee-Plantagen geeignet. Es konnte nicht mit Wasser gereinigt werden, weil die Lava dadurch zu einer festen Masse verbunden worden wäre. Folgen waren Hautallergien und Erkrankungen der Atemwege und der Lungen. Kleinere Erdbeben ist die Bevölkerung wegen der Bewegungen der tektonischen Platten ja gewohnt und sie beunruhigen kaum jemanden ernsthaft. Der Ausbruch dieses vergleichsweise kleinen und weit entfernten Vulkans hinterließ aber einen tiefen Eindruck bei der Bevölkerung."

In der Mittagspause lagen wir fast wie in Dünen an der Nordsee. Der Wind strich über die mit Moos und Gras bewachsenen Mulden hinweg, in denen wir es uns bequem gemacht hatten. Nur das Panorama war ein anderes: Statt auf die See schauten wir in die weite, sanft geschwungene Ebene und auf die dahinter liegende Bergkette. Ein ganz feiner Sprühregen, der von den Wolken über den Berggipfeln bis hierher herüberwehte, wollte gar nicht zum azurblauen Himmel passen.

Dagegen zierte sich der Cotopaxi wie eine Diva, die sich ihrer Schönheit allzu bewusst ist: Anfangs noch vollständig von weißen Wolken umhüllt, lugte die Spitze nun hin und wieder für Momente schemenhaft hervor, aber noch zu undeutlich und versteckt, um als Fotomotiv zu lohnen. Doch als wir die Hoffnung beinahe schon aufgegeben hatten, diesen höchsten freistehenden Vulkankegel der Erde vollständig sehen zu können, gaben die Wolken für Augenblicke den Gipfel frei und gewährten einen freien Blick auf seine perfekt symmetrisch anmutende Form.

Die heißen Quellen von Papallacta

Nach dem Verlassen des Hochlands gelangten wir in die recht wohlhabende Provinz Napo, deren zentrale Lebensader der Fluss gleichen Namens ist. Sie zieht sich von den östlichen Hängen der Anden über das Andenvorland bis ins Amazonastiefland hin. Starke Niederschläge und hohe Temperaturen sorgen für ein tropisches Klima mit einer entsprechenden Vegetation. Aber unser Tagesziel war das 3220 Meter hoch gelegene Thermalbad Termas de Papallacta. Von tropischem Klima war hier nichts zu spüren. Ganz im Gegenteil: Es war unangenehm feuchtkühl und leider verhinderte eine dichte graue Wolken-

und Nebelsuppe auch Ausblicke auf die bestimmt wunderschöne Andenlandschaft mit dem 5704 Meter hohen Antisana.

Unsere Unterkunft für die nächsten zwei Nächte bestand aus einer Art von Reihen-Bungalows, die um Thermalbecken mit unterschiedlichen Wassertemperaturen angeordnet waren. Zwar mochte man sich angesichts der ungemütlichen Temperaturen gar nicht in Badekleidung nach draußen begeben. Aber es waren nur wenige Schritte von den Bungalows bis zu den Bassins, in denen warmes bis beinahe heißes, nämlich über 30 Grad warmes Wasser für die kleine Überwindung entschädigte. Zum Schwimmen waren die Becken zu flach, also plätscherte man nur ein bisschen herum, ließ einen warmen Strahl aus einer Art Brunnen über Kopf und Schultern fließen oder sich durch Wasserdüsen ein wenig massieren. Zwischendurch sorgte ein kurzes Eintauchen in das eiskalte Wasser eines separaten Bassins für schockartige Abkühlung, wenn man denn wollte. Beim anschließenden Eintauchen in das warme Wasser war das Prickeln auf der Haut dafür umso wohliger, und man spürte förmlich, wie der ganze Körper ähnlich wie bei Saunagängen durchblutet wurde. Gut zu verstehen, dass sich Thermalbäder in Europa schon seit der Zeit der antiken Griechen und Römer größter Beliebtheit erfreuen und als Quellen von Entspannung und Gesundheit gelten, die einfach gut tun.

Zum Abendessen empfahl man uns Forellen, die in dieser Gegend seit einigen Jahrzehnten bevorzugt gezüchtet werden. Anfangs weniger aus freien Stücken, sondern als eine Art Notlösung. Vibeka erzählte, dass es Mitte der 1960er Jahre, also zu Beginn des Erdölbooms, viele Mestizen aus den großen Städten in die Region El Oriente gezogen hatte, um Jobs in dieser neuen Branche zu finden. Zunächst wurden die Leute auch gebraucht, aber je professioneller die Ausbeutung der Erdölvorkommen betrieben wurde, desto mehr ersetzten ausländische Fachkräfte, vor allem aus den USA, die einheimischen Arbeiter. Notgedrungen suchten die arbeitslos gewordenen Leute nach Alternativen und kamen unter anderem auf die Idee mit der Forellenzucht, die seither in der Umgebung von Papallacta in recht großem Umfang betrieben wird.

Natürlich ließ ich mir als begeisterter Fischesser die Gelegenheit nicht entgehen, eine gedünstete Forelle zum Abendessen zu probieren, die tatsächlich ausgezeichnet schmeckte. Dazu war der empfohlene chilenische Rotwein zwar nicht stilecht, aber er war von erheblich besserer Qualität als der angebotene Weißwein, und ganz so genau nimmt man heute die Formel „Weißwein zum Fisch" ja nicht mehr.

Meine Frau und ich entschlossen uns angesichts des trüben, regnerischen Wetters, nicht an der optionalen Wanderung des nächsten Tages teilzunehmen, sondern stattdessen einen Ruhetag einzulegen, den wir bestens mit weiteren Thermalbädern, Massagen, lesen, Postkarten schreiben und einem nachmittäglichen Kaffee nutzten.

Im Regenwald des Amazonasbeckens

Wir waren unterwegs in Richtung El Oriente. Damit werden die im Osten des Landes gelegenen Regenwälder des Amazonasbeckens bezeichnet. Diese fast 100.000 Quadratkilometer große Region, die etwa die Hälfte des ecuadorianischen Staatsgebietes ausmacht, ist nur spärlich besiedelt. Offiziell lautet der Name „Región Amazónica", aber üblicherweise spricht man vom „Oriente" (das ist das spanische Wort für Osten), wenn dieses Gebiet östlich der ecuadorianischen Andenkette bezeichnet wird, das der Río Pastaza in einen nördlichen und einen südlichen Teil trennt. Außerdem wird zwischen dem hohen Oriente mit seinen subandinen Bergketten und dem tiefen Oriente mit der im Durchschnitt dreihundert Meter hohen Ebene des westlichen Amazonasbeckens unterschieden. Diese Ebene besteht weitgehend aus tropischem Regenwald mit seiner so überaus vielfältigen Vegetation und den verzweigten Flusssystemen, die letztlich alle in den Amazonas fließen.

Erdöl im El Oriente

Unser Weg führte über eine ziemlich defekte Straße, weil mehrfach Erdrutsche Schäden verursacht hatten. Wir mussten eine primitive Ersatzbrücke überqueren, die aus einer abenteuerlichen Konstruktion bestand. Zum Glück hatten wir gar nicht die Möglichkeit, dieses Provisorium genauer in Augenschein zu nehmen. Während Gonzalito noch alle Mühe mit dem Rangieren hatte, zeigte ein am Rande stehender Bauarbeiter, der das beobachtete, mit Daumen und Zeigefinger eine Spanne von fünf Zentimetern an, um damit anzudeuten, wie knapp unser Bus von einem Abrutschen entfernt war …

Dann fuhren wir durch ein enges Tal, an dessen Hängen sich die von Nebel und Wolken umhüllten Wälder hochzogen. Vereinzelt standen Kühe auf ziemlich hoch gelegenen Weiden. Hin und wieder waren Wasserfälle zu sehen, die unten im Tal den Río Guango erreichten. Viele Eukalyptusbäume säumten die Straße und gelegentlich passierten wir kleine, flache Häuser, meistens sehr einfache, ärmliche, aber nicht schäbige Behausungen aus Holz oder Beton mit Wellblechdächern. Deren graue oder braune Fassaden sahen schmucklos und trist aus, nur wenige waren mit hellen Pastelltönen bemalt worden. Später weitete sich das Tal wieder, und plötzlich war keine Weiterfahrt mehr möglich. Wir erfuhren, dass eine Pipeline, die entlang der Straße verläuft, repariert werden musste. Das dauerte fast zwei Stunden. Schnell waren Verkäufer zur Stelle und boten Knabbereien an. Man vertrat sich die Beine, genoss den schönen Blick ins Tal, plauderte, bis es weiterging, und es war eine gute Gelegenheit, sich ein wenig über das Thema „Erdölförderung in Ecuador" zu informieren.

Mitte der 1960er Jahre entdeckte man das „schwarze Gold" im Oriente, und damit begann ein höchst zwiespältiges Kapitel in Ecuadors Geschichte. Denn einerseits wird die Bedeutung des Erdöls für das Land schon dadurch deutlich, dass bis zu fast 70 % der gesamten Exporteinnahmen[17] durch Erdöl erwirtschaftet werden, andererseits sind es von Anfang an undurchsichtige Verträge zwischen der ecuadorianischen Regierung und internationalen Ölgesellschaften wie Texaco, Petrobras oder Maxus, die dafür sorgen, dass der Gewinn aus der Ölförderung in die Taschen weniger Ecuadorianer beziehungsweise ins Ausland fließt, vornehmlich in die USA, die circa 80 % des ecuadorianischen Öls importieren. Um eine für den schnellen Transport effiziente Infrastruktur aufzubauen, wurden Abholzungen im großen Stil vorgenommen.

Aber es soll an dieser Stellehier nicht das korrupte Zusammenwirken von Regierung und Großkonzernen aufgearbeitet werden, das in Ecuador wie in praktisch allen Entwicklungs- und Schwellenländern zu hemmungslosem Abholzen der Wälder und zur Ausbeutung der Rohstoffe geführt hat, sondern ich möchte nur kurz die unmittelbaren Auswirkungen erwähnen, die beides auf die Bevölkerung des Oriente hatte und hat.

Von den über zwanzig indigenen Volksgruppen Ecuadors ist etwa die Hälfte im Oriente beheimatet. Auf höchst unterschiedliche Weise

---

[17] Ich bin bei meinen Recherchen auf höchst unterschiedliche Zahlen gestoßen, die von 35 bis 70 % der Exporteinnahmen reichten.

haben sich die Stämme den Einflüssen der sogenannten Zivilisation geöffnet, sich mit den Interessen fremder Menschen arrangiert oder sich deren Begehrlichkeiten gefügt. Heute sprechen viele von ihnen Spanisch und beschäftigen sich auch mit Fragen, die über die Interessen des Stammes hinausgehen. Die größte Gruppe der hier lebenden Stämme ist der etwa 80.000 Menschen zählende, sehr „zivilisierte" Stamm der Quichuas del Oriente, deren Angehörige keine Trachten mehr tragen. Auch der über 50.000 Menschen zählende Stamm der Shuares pflegt schon lange Kontakt mit den Mestizen und hat mit der Zeit partiell deren Lebensstil und Lebensweise angenommen beziehungsweise übernommen. Aber die Shuares versuchen mit speziellen Programmen ihre eigene Kultur und Sprache vor dem Aussterben zu bewahren.

Andere, weit kleinere Stämme lebten lange zurückgezogen und mieden den Kontakt zur Außenwelt. Erst seit man die Natur- und Bodenschätze der Region im großen Stil auszubeuten begann, kamen auch diese Indígenas allmählich mit der sogenannten Zivilisation in Kontakt. Allerdings kaum zu ihrem Vorteil, denn sie profitierten nur in bescheidenem Umfang von technischen Errungenschaften, verloren aber mehr und mehr ihre natürlichen Lebensgrundlagen. Die wichtigsten Gründe dafür waren zahllose Rohrbrüche der Pipelines, wodurch geschätzte über fünfzig Millionen Liter auslaufendes Öl Erde und Grundwasser verseuchten, das Wasser der Flüsse ungenießbar machten und massenhaftes Fischsterben verursachten. Hinzu kamen bei der Ölförderung anfallende giftige Reste, die anfangs in Becken gesammelt wurden, später aber ebenfalls allmählich ins Erdreich eindrangen und bei der einheimischen Bevölkerung für zunehmende Krebs-, Haut- und Atemwegserkrankungen, sinkende Geburten- und höhere Sterberaten sorgten. Die nachhaltige Beschädigung beziehungsweise Zerstörung ihrer natürlichen Lebensgrundlagen führte zu einer dramatischen Dezimierung dieser Volksgruppen bis hin zum Aussterben. Eine ganz spezielle Ausnahme sei hier nicht unerwähnt gelassen, nämlich der aus geschätzten 4000 Leuten bestehende Stamm der Huaorani, dessen Wurzeln völlig im Dunkeln liegen. Er wehrte sich lange Zeit erfolgreich auch mit Waffengewalt gegen alle Eindringlinge, egal, welche Mission diese verfolgten. Aber auch hier gibt es mittlerweile Aufweichungen und dementsprechende Einflüsse auf die traditionellen, archaischen Lebensformen. Nur eine kleine Gruppe dieses Stammes, der aus circa dreihundert Leuten besteht, wehrt sich weiterhin konsequent gegen jeden Versuch der Kontaktaufnahme von außen.

Es überrascht wohl nicht, dass die Indígenas so gut wie gar nicht an der Ausbeutung der Erdölvorkommen partizipierten. Mit einem üblen Trick nämlich wurde Erdöl zu Staatseigentum erklärt[18], und die Einheimischen wurden, wenn überhaupt, mit Almosen abgespeist. Lange gab es niemanden, der die Interessen der Indígenas politisch vertrat[19], und bis heute gibt es keine zufriedenstellenden Regelungen, allerdings können Regierung und kooperierende Konzerne nicht mehr völlig rücksichtslos und willkürlich agieren, weil in den indigenen Stämmen das Bewusstsein um die eigenen Rechte und Ansprüche gewachsen ist und sie ihre Interessen – mittlerweile politisch organisiert – effizienter vertreten. Aber es liegt ein langer, schwieriger Weg vor ihnen, um wenigstens Teilerfolge zu erzielen. Außerdem müssen die Indígenas selbst eine Formel finden, wie sie ihr Leben zwischen Tradition und Moderne führen wollen.

Immer noch konnte man Vibeka die Wut anmerken, als sie bilanzierte: „Die Erdöl-Funde hätten dazu dienen können, den Stand der Zivilisation zu erhöhen, wenn das durch den Export eingenommene Geld sinnvoll investiert worden wäre, zum Beispiel in Bildung, in die Förderung kultureller Einrichtungen, in die Gesundheitsversorgung und so weiter. Aber das Gegenteil trat ein. Die gewachsenen Strukturen der indigenen Bevölkerung wurden beschädigt oder ganz aufgelöst. Die sogenannten ‚Verbesserungen' sind sehr umstritten, weil sie eher Trostpflaster denn wirkliche Hilfen sind. Was sollen zum Beispiel die überall angelegten Basketballplätze? Viele haben resigniert und sind in Lethargie verfallen. Und das Feuerwasser, der Aguadiente, tat ein Übriges, um die Lebenssituation der Leute zu verschlechtern! Ganz schlimm ist das."

---

[18] Kurzerhand wurde bestimmt, dass Landrechte nur bis zu einer Tiefe von 30 Zentimetern unter der Erdoberfläche gelten.
[19] Erst 1997 zogen zum ersten Mal gewählte Vertreter indigener Volksgruppen ins Parlament ein.

Wir hatten viel Zeit durch die Zwangspause verloren, und deshalb wagte anschließend unser sonst immer sehr besonnene Fahrer Gonzalito einige riskante Überholmanöver, um etwas davon aufzuholen. Ihn störten die zahlreichen Schilder, die 30 Stundenkilometer forderten, auf „Alto Riesgo" (hohes Risiko) hinwiesen oder mehrere Kurven anzeigten, ebenso wenig wie entgegenkommende Tanklastzüge mit den Aufschriften „Peligro" und „Inflamable". Hin und wieder tummelten sich Hunde, Kühe, Hühner und Pferde auf der Fahrbahn. Weil wir die einzige Straße zwischen dem Hochland und der Ebene befuhren, war der Verkehr dicht wie sonst nur selten außerhalb der großen Städte des Landes. Als „Sicherung" am Straßenrand dienten nur spärliche Stacheldrahtzäune, hinter denen es steil bergab ging. Wohl auch um uns abzulenken oder unsere Nerven zu beruhigen, hatte Gonzalito ganz gegen seine sonstige Gewohnheit das Radio angestellt, und wir hörten die ganze Zeit Schnulzen, in denen schmachtende Stimmen hingebungsvoll von *amor* und *corazon* schluchzten. Eine Polizeikontrolle hielt uns kurzfristig auf. Da wir ihr unverdächtig erschienen, illegale Waren aus Kolumbien einzuschmuggeln, wurden wir nicht lange aufgehalten.

Wanderungen im tropischen Regenwald

Es war sommerlich warm, als wir in Tena, der Hauptstadt der Provinz Napo, aus dem Bus stiegen. Angenehm war das nach dem feuchtkalten Klima in Papallacta. Nach einem einfachen Essen in einem landestypischen Restaurant nutzten wir die Gelegenheit, nach Deutschland zu telefonieren und im Internet unsere Mails abzurufen. Beides ist enorm billig in den hier überall zu findenden kleinen Läden. Trinkwasser wurde eingekauft, und wer keine Gummistiefel mitgebracht hatte, der lieh sich vor Ort welche aus, um für die in den nächsten Tagen anstehenden Wanderungen im Dschungel gerüstet zu sein. Bis alle die passenden Schuhe gefunden hatten, blieb ein wenig Zeit, um in der jetzt schwülen Wärme ein paar Schritte am Río Tena entlang zu spazieren, der, von dichtem Wald gesäumt, tropisches Flair ausstrahlte.

Nach kurzer Fahrt erreichten wir unser Camp, das an der Straße nach Puyo lag. Es trug den verheißungsvollen Namen Cabañas Shangrila, den die einfachen Reihenbungalows auf den ersten Blick nicht rechtfertigten. Aber die verwinkelt angelegte Baukonstruktion lag auf einem einhundertdreißig Meter hohen Vorsprung über dem Río Anzú, und von den Terrassen hatte man atemberaubende Ausblicke auf das Band des sich in der Tiefe windenden Flusses, den alles umgebenden Dschungel und die Kordillere im Hintergrund.

Schnell waren die einfachen Zimmer bezogen, man traf sich auf der Restaurantterrasse zum Kaffee oder Tee und schon entwickelte sich vor unseren Augen ein tolles Wetterschauspiel. Ein tropisches Gewitter zog nämlich herauf. Hatte uns das Terrassendach eben noch Schutz vor den gleißenden Sonnenstrahlen geboten, so sollte es wenige Minuten später zum Regenschirm werden. Das kilometerbreite Panorama ermöglichte eine perfekte Beobachtung des Wetterwechsels: Rechts floss der noch sonnenbeschienene Fluss, während sich von links schnell eine dunkelgraue Wolken- und Regenwand näherte, die den Fluss umhüllte. Riesengroße Farne unterhalb unseres Aussichtspunktes begannen im aufkommenden Wind unruhig hin und her zu schaukeln, die Szenerie verdüsterte sich in Sekundenschnelle, erste dicke Tropfen fielen auf das Dach und Augenblicke später brach einer dieser heftigen Tropenregen los. Der eben noch im Sonnenlicht glitzernde Fluss war jetzt in dumpfes Grau gehüllt, bevor eine dichte Regenwand einen fast undurchsichtigen Vorhang vor die Landschaft zog. Aber keine halbe Stunde später war das Spektakel vorüber und die wasserglänzenden Farne standen wieder unbewegt in der Sonne. Allerdings stieg jetzt feuchter Dunst aus dem Dschungel und alsbald wurde die zwischenzeitliche Abkühlung wieder von schwüler Wärme verdrängt.

Noch am frühen Abend machten wir eine kleine Wanderung, um von einem besonders geeigneten Platz den 5290 Meter hohen, immer ein wenig rauchenden Sangay zu sehen. Er ist einer der aktivsten Vulkane ganz Amerikas und seine Besteigung gilt als sehr riskant. Hinter uns lag der 3732 Meter hohe Sumaco, der wunderbar klar vom Abendlicht beschienen wurde.

Erste Dschungelwanderung
Am Morgen hüllte Nebel Teile der unter uns liegenden Landschaft ein, die sich erst allmählich aus dem morgendlichen Dunst löste. Aber hier oben, auf der Terrasse des Shangrila, schien bereits die Sonne. Das Frühstück war einfach, aber das war vor dem Panorama dieser überwältigenden Kulisse absolut zweitrangig.

Roberto, der uns die nächsten beiden Tage durch den Dschungel führen sollte, wartete bereits. Für diese Wanderungen ist leichte, vor Sonne schützende Kleidung zu empfehlen, unter der Funktions-Unterwäsche sehr nützlich ist. In Gummistiefeln wandert es sich zwar nicht gut, aber unsere Tages-Exkursionen waren nicht übermäßig lang, und manche Abschnitte führten durch kleine Bäche oder sehr matschiges Gelände, sodass besagte Gummistiefel das sicherlich praktischste Schuhwerk sind. Ein Tagesrucksack darf nicht fehlen, um Verpflegung und vor allem Wasser mitzunehmen.

Unser Tempo war zwar gemächlich, aber die schwüle Wärme erschwerte das Wandern. Da war es gut, dass immer wieder kleine Stopps eingelegt wurden, bei denen Roberto diverse Pflanzen und ihre Nutzanwendungen erklärte, natürlich nur exemplarisch, um einen Eindruck von der Vielfalt der Pflanzenwelt im Dschungel und deren umfängliche Nutzungsmöglichkeiten zu vermitteln. Zum Beispiel wird Barbasco[20] als Giftpflanze kultiviert, das die Einheimischen als nervenlähmendes Gift beim Fischen benutzen. Das meiste Gift dieser Pflanze ist in deren Wurzeln enthalten, die mit Steinen zermahlen werden, um einen Saft zu gewinnen, der, in den Fluss gegossen, schnell das Atmungssystem der Fische lähmt, sodass sie nicht vergiftet werden und essbar bleiben. Aber leider benutzen die Quischua-In-

---

[20] Barbasco „ist eine Pflanzenart aus der Unterfamilie der Schmetterlingsblütler innerhalb der Familie der Hülsenfrüchtler" (Quelle: Wikipedia).

dianer heutzutage auch viel Dynamit zum Fischen. Eine Folge davon: Es gibt praktisch keine Krokodile und Caymane mehr in den Flüssen. Diese Art zu fischen ist zwar verboten, aber niemand kümmert sich darum. Überall in den Ortschaften kann man Dynamit in den Läden kaufen, obwohl viele Fischer bereits Finger oder ganze Hände bei dieser Art des Fischens verloren haben. Aber die Methode ist einfach, billig und wirkungsvoll. Ein staatliches Gegenprogramm, um das Dynamit-Fischen zu unterbinden, besteht in der Förderung der Zucht von Tilapia. Diese eiweißreiche Fischart gehört zur Familie der Buntbarsche und stammt ursprünglich aus Afrika. Von großem Vorteil ist, dass sich diese Fische sehr schnell vermehren, nicht viel Sauerstoff brauchen, beinahe alles fressen und außerdem noch sehr schmackhaft sind. Man hofft, dass sich die Fischbestände in den Flüssen durch die gezielte Zucht der Tilapia erholen können.

Sehr hartes Holz nennt man auch „Eisenholz", das für den Bau von Hausböden benutzt wird. Außerdem fertigte man daraus vor allem in früheren Jahren Lanzen zum Jagen an. Während Roberto uns erklärte, dass die besondere Härte von Eisenholz durch eine sehr hohe Dichte begründet ist, spitzte er einen gerade gewachsenen, etwa 1,50 Meter langen Ast an. Als der zur Lanze gewordene Stab fertig war, zielte Roberto und traf damit in einen einige Meter entfernten Baumstamm. Dort steckte die Lanze, spitz und scharf wie aus Eisen, sehr beeindruckend und überzeugend. Klar, dass mit dieser Waffe jedes Tier zu töten wäre.

Interessantes wusste Roberto über den sogenannten Etagenanbau zu berichten: Es handelt sich dabei um ein typisches Waldbewirtschaftungssystem der indigenen Völker im tropischen Regenwald. Zum Beispiel werden im Halbschatten von Pfirsichpalmen, die auf mehrfache Weise zu nutzen sind, eine ganze Reihe von Früchten, Gewürzen, aber auch Kaffee- oder Kakaopflanzen angebaut. Darunter wiederum werden tropische Gemüsearten gepflanzt, die weitgehenden Schatten brauchen, und im Boden wachsen Süßkartoffeln, Maniok und Yamswurzeln. Dieses System ist platzsparend und weitestgehend umweltschonend.

Jedes Mal, wenn es regnet, werden aus dem Boden alle Mineralien ausgeschwemmt, sodass sich kein Humusboden bildet. Bäume mit tiefen Wurzeln können hier also nicht wachsen, sondern nur Flachwurzler wie Brettwurzelbäume, die den jagenden Männern auch als Schutz und Behausung dienen, wenn sie über Nacht im Dschungel bleiben.

Wir wanderten an nur notdürftig angelegten Feldern entlang, die auf mich ungepflegt, ja sogar vernachlässigt wirkten und zum Teil schon wieder vom Dschungel überwuchert wurden. Vibeka erklärte: „Die Bauern geben sich nicht viel Mühe, sondern säen hier und da Mais, Maniok, eigentlich mitten im Wald. Zwar hat jede Familie bei der Landreform fünfzig Hektar bekommen, von denen aber meistens nur zwei bearbeitet werden. Der Hauptgrund ist nicht etwa Faulheit, sondern es sind die Kosten für den Transport zu den oft recht weit entfernt liegenden Märkten in den größeren Städten. Wird viel produziert, dann muss die Ernte schließlich auch verkauft werden. Aber das lohnt sich kaum, sodass oft nur noch für den Eigenbedarf und nur solche Pflanzen in überschaubaren Mengen angebaut werden, die leicht und billig zu transportieren sind. Die Bauern werden erpressbar, wenn sie ihre Ernte nicht loswerden, denn dann müssen sie oft für sehr wenig Geld oder zum Beispiel für zwei Dosen Thunfisch ihre mühsam gezogenen, geernteten und dorthin transportierten Waren verkaufen."
Und sie erläuterte weiter: „Ein normaler Arbeitstag beginnt um sechs Uhr in der Frühe und endet um dreizehn Uhr", und lachend fügte sie hinzu: „Deswegen hat die Landbevölkerung auch so viele Kinder, im Durchschnitt zwölf pro Familie. In Ecuador besagt eine Redewendung, dass jedes Kind mit Brot unter den Armen geboren wird, was so viel bedeutet, dass es für jedes Kind schon irgendwie genug zu essen geben wird. Kinder sind das Sozialsystem der Leute! Ein Rentner bekommt circa 70 Dollar pro Monat. Davon allein kann niemand existieren. Die Menschen leben ursprünglich mit und in der Natur, der Pachamama, aber die Familie ist genauso wichtig."

Mittlerweile durchstreiften wir recht unwegsames Gelände. Auf rutschigen, kaum begangenen Pfaden verlief der Weg nun steil bergauf und bergab, wir durchwateten Bäche und kleinere Rinnsale, auf denen man leicht auf glitschigen Steinen, Ästen und Blättern ausrutschen konnte. Und einmal stürzte Elke tatsächlich an einem ziemlich steilen Hang. Oliver griff beherzt zu, Michael und ich halfen, sie wieder raufzuziehen. Zwar waren diese Wege nicht lebensgefährlich, aber wenn man nicht aufpasste, drohten durchaus Stürze, die Verletzungen nach sich ziehen konnten. Bis auf kleinere Prellungen verlief ihr Sturz aber glimpflich.

Die Einheimischen glauben, dass es schlechte beziehungsweise negative Energien gibt, die auf übernatürlichen Kräften beruhen und einen Menschen beherrschen können. Man spricht dann von *mal aire*, was so viel bedeutet wie „schlechter Wind". In so einem Fall wird ein *yachag*, also ein Heiler, zu Rate gezogen. Der vollzieht bei der Behandlung eine *limpia*. Damit ist die Reinigung des ganzen Körpers eines Betroffenen gemeint. Neben anderen Ritualen benutzt der Heiler dafür einen beblätterten Zweig des Surupanga-Baumes, was übersetzt „Windblatt-Baum" heißt. Die dafür ausgewählten Pflanzen müssen an einem Ort wachsen, der von der aufgehenden Sonne beschienen wird. Der Heiler selbst benutzt ein Halluzinogen, um in Trance zu geraten, und schlägt die Blätter der Pflanze auf den zu reinigenden Körper beziehungsweise umfächelt ihn damit, während er dazu auf Quischua singt. Das Ganze dauert zwei Tage. Der Heiler wird nicht bezahlt, sondern durch Geschenke entlohnt.

Soweit die Schilderung von Roberto, aber das Thema „Heiler, Glaube, Rituale, Naturmedizin" ist äußerst umfangreich, differenziert und vielschichtig. Allein in Ecuador gibt es zahlreiche Varianten, auf die an dieser Stelle

nur hingewiesen werden kann. Roberto beließ es dabei, ein paar dieser Blätter des Surpanga-Baumes zu brechen, damit wir deren sehr scharfen Geruch riechen konnten.

Die fünf gleichermaßen interessanten wie anstrengenden Stunden, bis wir zurück im Camp waren, hatten einen fantastischen Eindruck vom Formenreichtum der Dschungelpflanzen und deren äußerst vielseitiger Verwendbarkeit vermittelt.

Ein besonderer Spaß: Lkw-Schlauch-Rafting
Nach dem Mittagessen luden die beschatteten Hängematten auf einer zweiten, höher gelegenen Terrasse des Shangrila zum Ausruhen und Dösen ein, aber es wartete noch ein weiterer Tageshöhepunkt auf uns. Mit je einem aufgepumpten Lkw-Schlauch und einer Schwimmweste ausgerüstet stiegen alle, die Lust auf das kleine Abenteuer hatten, die etwa dreihundert Stufen zum Río Anzú hinunter, wo die *tubes* zu improvisierten Flößen montiert wurden. Dann setzten sich, nach Gewicht einigermaßen austariert, jeweils fünf Personen auf vier der zusammengebundenen Schläuche und los ging's. Das Plätschern im warmen Wasser des Flusses, das Kreiseln der Gummischlauch-Flöße um die eigenen Achsen, ein kleines Bad zwischendurch oder das von triumphalem Gejohle begleitete Überholen anderer Flöße waren ein schöner, launiger Spaß, aber die einheimischen Steuerleute hatten später viel zu tun, um die Gefährte durch diverse Stromschnellen zu manövrieren. Als ein kalter Nebenfluss in den Anzú floss, wurde es von unterwärts reichlich kühl. Jemand kommentierte: „Jetzt weiß ich, wo der Begriff ‚arschkalt' seinen Ursprung hat." Ein Pickup brachte uns bestens gelaunt zurück zum Camp.

„Hier, im Innern des Neuen Kontinents,
gewöhnt man sich beinahe daran,
den Menschen als etwas zu betrachten,
das für die Ordnung der Natur nicht von Notwendigkeit ist."

Alexander von Humboldt:
Reise in die Äquinoktial-Gegenden des Neuen Kontinents, 1822

„Ich habe bei den sogenannten ‚wilden' Völkern
die erhabensten Begriffe von Gott, Tugend, Freundschaft
in den Anfängen ihrer Sprache gefunden,
in deren tiefe Wahrheit mich hinein zu denken mir nur gelang,
wenn ich mich ganz von europäischen Anschauungen,
zumal von Äußerlichkeiten, im Geiste losmachte."

Alexander von Humboldt zu Wilhelm Hornay,
Berlin, 25. August 1857

Auf dem Kraterrand der Lagune Cuicocha

Nur der Wind begleitet den Wanderer

„Señor de los Señores" nennen ihn die Indígenas: der Chimborazo...

... ist ihnen heilig und gilt als Sitz der Götter

Im El Ángel Naturreservat

Blick von der Urwald-Lodge auf den Río Anzú

Koloniales Quito

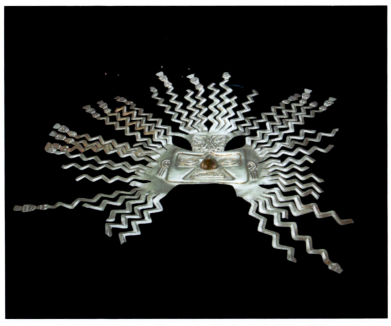

Im Nationalmuseum: Sonnengott-Maske der La Tolita-Kultur

Schuhputzer auf der Plaza de la Independencia

*Wunderbare Vielfalt
in einer der
pflanzenreichsten Regionen
der Welt*

Schön, fremd und würdevoll:

Indígenas im Hochland der Anden

Alt und Jung auf Märkten

Wanderungen im Zauber der Natur in den Nationalparks

Cotopaxi und Las-Cajas

Zweite Dschungelwanderung
Wir fuhren eine ganze Weile mit dem Bus, um den Ausgangspunkt der heutigen Wanderung zu erreichen. Unterwegs sah ich an einer Brücke folgenden Spruch – sinngemäß – angeschlagen: „Gott verzeiht uns, aber die Natur niemals. Also benutzt die entsprechenden Behälter für eure Abfälle." Ein hoffnungsvolles Zeichen, wie ich finde, dass sich das Bewusstsein für ökologische Fragen auch hier intensiviert. Interessant ist in diesem Zusammenhang, dass 100 % der Elektrizität in Ecuador durch Wasserkraft gewonnen wird.

Als wir kleine Siedlungen passierten, nutzte Vibeka die Gelegenheit, um ein wenig mehr über die hier Ansässigen und ihre Wohn- und Lebensweise zu erzählen: „Die Landreform hat dafür gesorgt, dass die Familien der Quischua heute im Regenwald nicht mehr in engen Gemeinschaften zusammen leben, sondern recht verstreut. Aber es gibt jeweils gemeinsame Zentren mit einer Schule und einem kommunalen Haus, das auch manchmal als Kirche benutzt wird. Außerdem findet man überraschenderweise in jedem Zentrum ein Basketballfeld. Das sind Hinterlassenschaften der US-Amerikaner, die wohl glaubten, nach dem Bau der Pipelines der um ihre Rechte betrogenen Bevölkerung etwas Gutes tun zu müssen …

Neben die Schulen wurden vielfach schöne Häuser für die Lehrer gebaut, um sie zu motivieren, hier zu unterrichten. Sie bekommen auch das Essen von der Kommune und werden überhaupt sehr geschätzt. Aber an den Wochenenden fahren die meisten von ihnen nach Hause in die Städte zu ihren Familien, sind also keine Dorfangehörigen.

Der typische Baustil sieht in etwa so aus: Unten ist alles aus Beton, oben aus Holz, die Dächer bestehen aus Palmenblättern, werden heute aber auch häufig durch Wellblech ersetzt. Oft werden Häuser erhöht gebaut, um die Bewohner vor unliebsamen und gefährlichen Tieren zu schützen oder, wenn sie an Flüssen liegen, vor den Folgen von Hochwasser. Elektrizität haben nur die wenigen, die am Rande der Straße leben, bis in den Urwald reicht die Versorgung nicht. Ebenso gibt es keine richtigen Toiletten. Früher verrichtete man seine Notdurft ausschließlich in der Natur, heute wird der Bau von Latrinen gefördert. Als Wasser steht Regen- oder Flusswasser zur Verfügung. Eine richtige Kanalisation gibt es im Regenwald nicht. Neben den Häusern befinden sich die Chakras, also die Gärten, in denen Landwirtschaft in kleinem Stil betrieben wird."

Was wir sahen, bestätigte ihre Schilderung: Die Häuser und Gehöfte, an denen wir vorbeifuhren, sahen ganz nach „Dritter Welt" aus. Vielfach waren sogar nur Bretterbuden zu sehen, die Leute trugen ärmliche Kleidung. Hühner, Kühe und Hunde schienen hautnah in die häuslichen Anwesen integriert zu sein.

Gleich nachdem uns Roberto in den Dschungel geführt hatte, säumten diverse Lianenarten[21] den Weg. Diese Kletterpflanzen wurzeln entweder in der Erde oder an Bäumen und ranken sich in verschiedensten Windungen in jeweils artspezifischen Drehrichtungen, sodass sich zwischen den Bäumen dieses typische bizarre Geflecht ergibt, das wir unter anderem neben den schwülwarmen Temperaturen sofort mit dem Begriff „Dschungel" verbinden. Lianen brauchen gleichermaßen Mineralien aus dem Boden und das Licht der Sonne, sodass ein ständiger Konkurrenz- und Verdrängungskampf zwischen ihnen stattfindet.

Roberto erklärte exemplarisch an Beispielen, wie die Einheimischen praktischen Nutzen aus der Pflanzenwelt ziehen. Beispielsweise demonstrierte er, wie aus den Blättern einer bestimmten Palmenart ein Hausdach wird, das etwa zehn Jahre lang hält. Er zeigte uns die Blätter der sogenannten „falschen Banane", die die Einheimischen wie eine Folie benutzen, um Fisch, Fleisch oder Pilze zu dünsten. Die Blätter werden auch als Teller oder, entsprechend gefaltet und gerollt, als Becher benutzt. Aus bestimmten Lianen lassen sich trefflich Körbe flechten.

Mahagoni ist eine der härtesten Holzarten der Welt. Selbst der Stamm eines längst abgestorbenen Baumes klang noch wie Metall, als Roberto mit seiner Machete darauf schlug. Roberto erklärte, es sei allerdings ein großes Problem, dass pro Jahr über 3000 Hektar des Waldes abgeholzt werden, weil viele ausländische Firmen gierig nach Mahagoniholz seien. Und die ecuadorianische Regierung genehmige

---

[21] Lianen sind typisch für die Primär-Wald-Vegetation. Darunter versteht man die ursprüngliche Vegetation. Sekundär-Vegetation bedeutet dagegen, dass diese ursprüngliche Vegetation abgeholzt wurde, um Felder und Plantagen anzulegen.

das nach folgendem Muster: Zwar hätten die Einheimischen das Land im Besitz, aber wertvolle Bodenschätze oder eben Bäume gehörten nach wie vor der Regierung. Demnach habe sie auch das Zugriffsrecht und verkaufe die teuren Hölzer zu stattlichen Preisen an die ausländischen Firmen, ohne die Einheimischen zu beteiligen. Um sich dagegen zu wehren, hätten die Einheimischen sich mittlerweile organisiert und riesige Plantagen von Teak-Holz angelegt, das ursprünglich aus Asien stammt. Die Hoffnung bestehe darin, dass ausländische Konzerne dieses Holz als Ersatz kaufen und so die Wälder geschützt werden würden. Teak wachse viel schneller als Mahagoni und habe ähnliche Eigenschaften. Wie zur Bestätigung seiner Worte waren in der Ferne Motorsägen zu hören …

In kleinen Booten fuhren wir zu einer Art Museum. Aber vor dessen Besichtigung bat Vibeka uns zum Mittagessen. Dazu hatte sie einen langen Tisch, an dem alle Platz fanden, nach Tradition des Landes mit Bananenblättern als Tischdecke hergerichtet. Darauf stand – ganz im Stil der neuen Zeit – das in Styropor verpackte Mittagessen. Dazu gab es Softdrinks und Wasser. Es schmeckte prima an diesem idyllischen Ort. Das kleine Museum veranschaulichte, mit welchen Fallen die verschiedenen Tierarten gejagt wurden und zum Teil noch werden, um die Speisepläne der Indígenas mit Fleisch zu bereichern.

Aus den Körnern der Achote gewinnen die Indígenas einen kräftigen roten Farbstoff, mit dem sie ihre Gesichter bemalen. Vibeka applizierte einigen von uns typische Muster auf die Wangen. Es war ein Spaß und sah wirklich wie Schmuck, wenn auch ein bisschen befremdlich auf unseren bleichen Wangen aus.

Es folgte der Besuch einer Auswilderungsstation, in der Tiere betreut werden, die aus unterschiedlichsten Gründen nicht mehr in der Lage sind, in Freiheit zu überleben. Sie bekommen hier eine Art Asyl. Dazu zählen unter anderem geistig behinderte Affen oder Papageien, denen ihre Besitzer die Flügel derart beschnitten und verstümmelt haben, dass sie nicht mehr fliegen können. Vor allem aber sollen Jungtiere verschiedenster Gattungen, die aus unterschiedlichen Gründen hier gelandet sind, mit einem entsprechenden Training für ein Leben in der Wildnis befähigt werden, wenn die Zeit dafür gekommen ist. Auf diese Weise werden einerseits bedrohte Tierarten vor dem Aussterben bewahrt, und auf der anderen Seite sollen die durch Wilderei dezimierten Bestände wieder ergänzt werden. Eine junge Deutsche führte uns durch die zooartige Anlage und erklärte sehr engagiert noch so manches über die traurigen Schicksale einzelner „Bewohner" und die Zielsetzungen der Station.

Der Río Napo entspringt an den westlichen Hängen der Vulkane Antisana, Sincholagua und Cotopaxi und fließt 1480 Kilometer, bis er in den Amazonas mündet. Unsere abschließende Bootsfahrt auf diesem mit seinen 850 Kilometern längsten Fluss im El Oriente verlief nicht ohne Tücken, denn schon bald begann der Motor zu stottern, bevor er nach einigem Röcheln schließlich ganz verstummte. Es war ja romantisch, auf dem von üppigem Grün gesäumten Fluss zu treiben, aber spätestens als die nächste Stromschnelle nahte, hoffte ich inständig auf einen erfolgreichen Wiederbelebungsversuch des Motors durch unseren Bootsführer. Der gelang ihm zum Glück, sodass wir die Klippe unbeschadet passierten. Es sei zu wenig Benzin im Tank, weil irgendwer etwas gestohlen habe, erklärte unser Kapitän schulterzuckend und lächelnd, aber das sei kein Grund zur Besorgnis, er werde uns schon mit ein paar Gleitphasen zwischendurch sicher ans Ziel bringen. So war's dann auch.

Auf der Straße der Vulkane, Teil 2

In und um Baños

Mit einer kleinen Dankesrede verabschiedeten wir uns vom netten Personal des Shangrila, bevor die Reise durch das Hochland mit dem Tagesziel Baños fortgesetzt wurde. Unterwegs wurde ein kurzer Halt in Puyo eingelegt, um verschiedene Kleinigkeiten einzukaufen, schließlich musste allmählich an die zu erwerbenden Mitbringsel gedacht werden. Da boten geschäftstüchtige Verkäufer zum Beispiel selbstgemachten Schnaps in allen möglichen Geschmacksrichtungen wie Pfirsich, Pfefferminz oder Banane an, die Flasche für ganze zwei Dollar. Wer's etwas kräftiger liebte, konnte auch einen klaren 83-prozentigen Aguardiente[22] erstehen. Gern gekauft wurden kleine hölzerne Schachteln mit Marmelade zu einem Dollar, die sich vorzüglich zum Verschenken eigneten. Wir besichtigten eine kleine Fabrik, in der aus Balsaholz[23] bevorzugt Papageien, aber auch andere Tiere und aller mögliche und unmögliche Krimskrams hergestellt wurde, alles in den kräftigsten Farben bepinselt. Nichts, was man wirklich braucht, aber preiswert und irgendwie auch lustig.

Während der Fahrt wechselte langsam die Landschaft vom Regenwald in die Nebelwald-Vegetation über, und später stießen wir auf den Río Pastaza, der wie der Río Napo ein bedeutender Nebenfluss des Amazonas ist. Hin und wieder unterbrachen malerische Wasserfälle die dichte Nebelwald-Vegetation an dessen Ufern.

Während wir uns Baños näherten, erzählte Vibeka etwas über die jüngere Geschichte dieser Stadt: „Bis zum 26. September 2000 lebten dort 28.000 Einwohner. An jenem Tag aber mussten alle Bewohner

---

[22] Der Begriff „Aguardiente" setzt sich aus den spanischen Wörtern agua (Wasser) und diente (brennend) zusammen, daher wohl auch der Begriff „Feuerwasser". Aguardiente wird aus verschiedenen Grundsubstanzen destilliert und ist ähnlich unserem Korn ein klarer, geschmackloser Schnaps, den die Einheimischen meistens mit Limonade mischen. Die Qualitätsunterschiede sind außerordentlich groß.
[23] Der Balsabaum wächst im tropischen Amerika. Sein Holz ist das leichteste der Welt und eignet sich deshalb unter anderem besonders gut zum Schnitzen von Figuren. Darüber hinaus findet es zu vielen weiteren Zwecken Verwendung.

evakuiert werden, weil der 5029 Meter hohe Vulkan Tungurahua wieder, und dieses Mal sehr heftig, aktiv wurde. Ein Jahr später kamen die Leute zurück, weil sie akzeptierten, dass der Vulkan gleichzeitig eine Attraktion und eine Bedrohung darstellt. Man hat gelernt, keine Angst vor einem Ausbruch zu haben, oder anders ausgedrückt: Man hat gelernt, trotz der latenten Gefahr gelassen zu leben. Aber jeder weiß trotzdem, warum der Name des Vulkans übersetzt aus dem Quischua ‚Kleine Hölle' heißt. Viele Bewohner glauben aber auch, dass die Skulptur der Virgen de Agua Santa, also die der Jungfrau des heiligen Wassers, die in der Basilika von Baños außerordentlich verehrt wird, die Menschen beschützt. Nach ihrer Rückkehr bauten die Einwohner die Stadt attraktiver als je zuvor wieder auf. Alles wurde total renoviert."[24]

Wir erreichten unser Ziel am frühen Nachmittag. Baños liegt auf einer Höhe von 1800 Metern und hat ganzjährig ein mildes Klima, allerdings ist es im Sommer oft regnerisch und dichte Wolken umhüllen die Berge. Das Städtchen liegt verkehrstechnisch sehr günstig zwischen allen drei Regionen des Landes – nämlich Hochland, Regenwald und Küste – und wird deshalb auch gern von vielen Einheimischen für einen Tag, bevorzugt an Sonntagen wie heute, oder an Wochenenden zu einem Kurzurlaub besucht. Umgekehrt leben die Einwohner der Stadt vom Tourismus. Neben der Nutzung der Thermalbäder, die zur Entspannung einladen, gibt es eine Vielzahl an Freizeitmöglichkeiten: Wanderungen zu Fuß und zu Pferd, Mountainbiking, Rafting oder Ausflüge zu den anmutigen Wasserfällen. Zahlreiche Restaurants laden dazu ein, die persönlichen Tageserlebnisse mit kulinarischen Spezialitäten zu ergänzen.

Essen und Trinken in Ecuador
Die Ecuadorianer essen gerne gut und viel. Die Küche ist abwechslungsreich und nicht gerade kalorienbewusst. Der Wanderer darf sich in jedem Fall auf nahrhafte Speisen freuen, wenn er seine sportlichen Aktivitäten mit einem guten Essen abrunden will. Die ecuadorianische Küche ist abwechslungsreich, vielfältig und durch regionale Be-

---

[24] Im Mai 2010 brach der Tungurahua erneut aus, sodass mehrere Dörfer evakuiert werden mussten. Über der 160 Kilometer entfernten Stadt Guayaquil ging ein Aschregen nieder, der die Behörden zwang, den Flughafen und Schulen zu schließen.

sonderheiten bereichert. An dieser Stelle mag ein kurzer persönlicher Eindruck genügen, schließlich sind Essen und Trinken vor allem vom individuellen Geschmack abhängig. Als Getränke haben mir immer die oft beinahe dickflüssigen Fruchtsäfte großartig geschmeckt (zum Beispiel aus Baumtomaten, Naranjilla, Brombeeren, Papaya, Maracuja und vielen anderen Früchten). Sehr häufig werden Suppen – auch als Hauptgerichte – in allen Variationen und mit verschiedensten Zutaten angeboten. Eine landestypische Besonderheit ist die cremige Locro de papa, eine Kartoffelsuppe mit Käse und Fleischeinlage, die man einmal probiert haben sollte. Ansonsten wird gern Fleisch in beträchtlichen Portionen gegessen, dazu reicht man eigentlich immer Kartoffeln von meist ausgezeichneter Qualität oder/und Reis, begleitet von Salaten und Gemüse. Versuchen Sie ein Churrasco (mit Spiegelei serviert) oder eine der vielen Steak-Variationen. Die Ecuadorianer lieben gegrillte Meerschweinchen, aber wer davor zurückschreckt, dem wird eine reiche Auswahl an Alternativen geboten. Vor allem in der Küstenregion kann der Gast zwischen diversen Fischvariationen wählen, meist frittiert oder gegrillt, und von den vorzüglichen Forellen in Papallacta habe ich ja bereits berichtet. Weitere Flussfischarten werden im Oriente oft in Eintöpfen oder auch gedünstet serviert. Übrigens sind die Speisen generell nur moderat gewürzt, aber auf jedem Tisch findet man ein Schälchen mit scharfem Ají[25]. Die Küche Ecuadors ist vielleicht nichts für ausgesprochene Feinschmecker, aber wer kräftige, deftige und sättigende Gerichte schätzt, wird in der Regel ausgezeichnet bedient.

Einheimischer Wein ist eher nicht zu empfehlen, das Bier ordentlich, der Kaffee meistens mäßig bis schlecht, ansonsten werden die üblichen Softdrinks und Teebeutel-Varianten angeboten.

---

[25] Ají ist eine aus rotem Chili zubereitete Soße, die sehr unterschiedlich in ihrer Schärfe ausfallen kann. Man fügt Ají seinem Essen aus Geschmacksgründen hinzu, aber auch, um den Magen zu desinfizieren. Einem Glas Aguardiente spricht man dieselbe Wirkung zu – man kann also wählen.

Kleiner Stadtbummel

Meine Frau und ich begannen unseren kleinen Stadtrundgang im Parque Central, setzten uns dort auf eine Bank und beobachteten das sonntägliche Leben. Viele Einheimische nutzten die Gelegenheit, um ein wenig zu flanieren und kleine Leckereien zu genießen. Die Leute waren festtäglich gekleidet und fröhlicher Stimmung. Man versammelte sich rund um den in der Mitte platzierten Springbrunnen oder schlenderte durch die kleine Anlage. Eltern, Großeltern, Kinder, ein Hund, eben alle, die zur Familie gehörten, waren auf und um Bänke versammelt. Kinder und Frauen naschten Kleinigkeiten, einige Männer rauchten Zigaretten und schossen Familienfotos. Über eine sogenannte „Brücke für Liebende" traute sich verschämt ein junges Pärchen. Überall waren die Leute vergnügt, entspannt, ohne Hektik. Wir als Touristen wurden angenehmerweise gar nicht beachtet. Umsäumt war der Platz von hohen Bäumen mit wuchtigen Kronen. Im Hintergrund sah man die steil aufragenden Berge, die den Ort umschließen.

Ein Spaziergang durch den Ort führt jeden Besucher zwangsläufig auf die Ambato, *die* zentrale Straße, auf der sich zwischen dem Parque Central und dem Parque de la Basilica Restaurants, Artesanía[26]-

---

[26] Unter dem Begriff Artesanía fasse ich alles zusammen, was dem Tourist als Souvenir oder Mitbringsel angeboten wird und seinen Ursprung im indianischen Kunsthandwerk hat bzw. ihm zugerechnet werden kann. Es sind immer handgefertigte, mehr oder weniger nützliche oder dekorative Gegenstände aus natürlichen Materialien.

Geschäfte und Reisebüros dicht aneinander reihen. Aber die Straße wirkte nicht gerade authentisch südamerikanisch, und hätten sich nicht hier und da fette Cuys, also Meerschweinchen, aufgespießt über  Grillkohlen gedreht, hätte man meinen können, sich in irgendeiner europäischen Stadt zu befinden. Diese Meerschweinchen sind viel größer als die bei uns bekannten und gelten als absolute Delikatesse. Ich hatte früher schon einmal in Peru eines probiert. Das schmeckte ganz ordentlich, aber begeistert war ich nicht, und meine Frau hatte sich entschieden geweigert („Wie kannst du nur!"), mir beim Verzehren auch nur Gesellschaft zu leisten. In einer angrenzenden Markthalle wurden an zahlreichen Ständen verschiedenste Gerichte angeboten, denen Familien und Freunde an dichtgedrängten Tischen mit offensichtlich bestem Appetit herzhaft zusprachen. Ja, das Essen scheint eine Leidenschaft der Ecuadorianer zu sein, und das zu beinahe jeder Tages- und Nachtzeit.

Einblick in Mentalität und Wertvorstellungen
Auch wir gingen zum Essen, und bei der Gelegenheit befragte ich Vibeka ein wenig nach ihren Landsleuten. Sie erzählte: „Man sagt: Mein Haus ist klein, aber mein Herz ist groß. Der Ecuadorianer strebt nicht nach dem Großen, sondern ist in der Regel bescheiden und mit wenig zufrieden. Er lebt den Moment, denkt nicht an morgen. Meine Mutter sagte immer: Für jedes Problem gibt es eine Lösung. Daraus schöpfte sie Vertrauen für ihr ganzes Leben. Ganz, ganz wichtig ist die Familie, die eine zentrale Rolle einnimmt." Auf meine Frage, was der Ecuadorianer denn überhaupt nicht mögen würde, sagte sie ganz spontan: „Peru!", aber sie lachte dabei und erklärte sofort: „Weil die uns doch so viel Land weggenommen haben." Etwas ernster fuhr sie fort, dass

ihre Landsleute keine Hektik mögen. Auch sei die Furcht vor Trennung innerhalb der Familie groß. Dagegen erfreue man sich gern auch an kleinen Dingen, die nicht anspruchsvoll seien. Sie selbst erinnere sich, mit welcher Begeisterung sie sich früher als Kinder, wenn es regnete, mit Vorliebe an jene Stellen hinstellten, an denen das meiste Wasser vom Dach floss. Wie eine Dusche sei das gewesen, nur viel, viel spaßiger. Die Menschen seien fröhlich, optimistisch, auch selbstbewusst und es sei selbstverständlich, dass man die Alten in die Familie integriere.

In der Basílica
Die bedeutendste Sehenswürdigkeit von Baños ist die Basílica, die am gleichnamigen, von zahlreichen Souvenirbuden gesäumten Platz liegt. Dunkel und trutzig sieht der etwas gedrungene Bau von außen aus, aber das Innere wirkt freundlich, wozu auch das helle Gewölbe beiträgt, auf das Bilder von Heiligen und Ornamente gemalt sind.

In der Kirche herrschte ein quirliges Durcheinander. Betende knieten murmelnd vor Altären, Opferkerzen warfen flackerndes Licht, Tauben flogen durch das Gewölbe, junge Messdiener werkelten herum, um den nächsten Gottesdienst vorzubereiten, während Touristen ungeniert fotografierten oder in ihren Reiseführern blätterten.

Ganz so, als wolle sie mehr Andacht und gottesfürchtige Ruhe anmahnen, stand die lebensgroße Figur eines predigenden Mönchs mit erhobenem Zeigefinger auf einer reich und kunstvoll mit Schnitzereien verzierten hölzernen Kanzel. Eben diese Atmosphäre von Ruhe und andächtiger Stille finden Gläubige in einer hinteren Seitenkapelle, um sich zum ungestörten Gebet zu treffen. Dort sprudelt auch die Quelle des heiligen Wassers, die der Basilika ihren offiziellen Namen Santuario de Nuestra Señora de Agua Santa gab, aus einer steinernen Schale.

In einer Nebenkapelle wird die Namensgeberin, also die Jungfrau von den heiligen Wassern, außerordentlich und innig verehrt. Ihr, so glaubt man, seien zahlreiche Wunder zu verdanken, von denen in der Kathedrale hängende, ein wenig naiv gemalte Bilder erzählen.

Dicht drängten sich die Menschen in dem Raum, sodass es gar nicht leicht war, der Heiligen etwas näher zu kommen, die in einem weißen, mit Perlen und hellen Steinen geschmückten Kleid und mit goldener Krone auf dem dunklen Haar wie entrückt hinter einer Glasscheibe stand. Die Wände hingen voller Votivgaben, die die Dankbarkeit für zahlreiche Wunder ausdrückten, die man ihr zu verdanken glaubt. Überall brannten Opferkerzen, Väter hielten ihre Kinder auf den Armen oder hoben sie auf ihre Schultern, um ihnen einen Blick auf die von Neonlicht Beschienene zu ermöglichen. Dabei erklärten sie ihren Sprösslingen ehrfurchtsvoll mit gedämpften Stimmen die Bedeutung der Heiligen.

Abends in einer Peña
Musik spielt auch in Ecuador eine große Rolle. Bei Überland-Busfahrten schluchzen und schmachten meistens Herzschmerz-Sängerinnen und -Sänger aus Lautsprechern eher dürftiger Qualität auf die Reisenden ein, und immer geht es in den *canziones*, also den Liedern, um *amor*, *corazon* und *lacrimas*. Von diesen Schlagern scheinen die Einheimischen nie genug bekommen zu können. Ganz im Gegensatz zu den Touristen, die meistens lieber ihre Ruhe haben oder originale Volksmusik hören würden. Dabei spiegeln diese herzzerreißenden Melodien wahrscheinlich viel genauer die Seelen- und Gefühlswelt der Menschen wider als jene Darbietungen im „El-Cóndor-Pasa"-Stil, wie auch wir sie bereits in verschiedenen Hotels und Restaurants gehört hatten.

Wer keine Gelegenheit hat, einem der feuchtfröhlichen indianischen Dorffeste beizuwohnen, auf denen authentische Andenmusik zu hören ist, der sollte es nicht versäumen, einmal eine Peña zu besuchen. Peñas sind Kneipen, in denen landestypische Musik von Live-Bands dargeboten wird. Zum Standardinstrumentarium solcher *bandas* gehören verschiedene ein- und doppelreihige Panflöten, Querflöten und fellbespannte Trommeln, die ihren Ursprung in vorkolumbischer Zeit haben. Saiteninstrumente waren einst von den spanischen Eroberern mitgebracht worden und wurden im Laufe der Zeit – zum Teil in variierter Form[27] – hinzugefügt.

---

[27] Markant sind beispielsweise charangos. Das sind winzige Saiteninstrumente mit einem rundlichen Resonanzkörper.

Leider fiel unser Peña-Besuch auf einen Sonntag, sodass kaum Gäste zugegen waren, was unserer Stimmung jedoch keinen Abbruch tat. Die Musiker gaben ihr Bestes und die schwungvollen Rhythmen wurden bis tief in die Nacht eifrig zum Tanzen genutzt, wobei das eine oder andere Gläschen nicht fehlte.

Wanderung in den Anbaugebieten der Bergbauern
In der Nacht hatte es heftig geregnet, sodass die Wege an dem von dichten Wolken verhüllten Tungurahua sehr verschlammt und kaum begehbar sein würden. Vibeka wählte deshalb eine alternative Wanderroute, die durch einen Nebelwald und durch Anbaugebiete von Bergbauern führte.

Anfangs noch ziemlich müde von den „Anstrengungen" der vorangegangenen Nacht in der Peña, tat das Wandern in frischer Luft besonders gut, und als Vibeka auf ihre witzige, plastische Art erzählte, wie sich die Menschen in früheren Zeiten das nicht selten simultane Ausbrechen verschiedener, weit auseinander liegender Vulkane erklärten, waren alle wieder hellwach: „Nach der Legende ist der Tungurahua eine Frau mit viel Temperament. Wenn sie sich ärgert, spuckt sie aus. Wenn der Guagua Pichincha, das Baby bei Quito, weint, dann macht sich der Vater Cotopaxi Sorgen und die Mama Tungurahua ärgert sich und alle zusammen speien Feuer. Das ist möglich, weil die Vulkane nach der Legende zueinander durch die Kette der Anden in Verbindung stehen."

Der Weg führte über eine lange, schwankende Hängebrücke, die den reißenden Río Pastaza überspannte. Seine Ufer wurden von Basaltgestein, also abgekühlter Lava, gesäumt. Bald wurden die Abhänge am Wegesrand immer steiler, aber selbst in einiger Höhe gab es noch vereinzelte, aus Adobe gebaute Häuser. Dieses Material besteht aus vulkanischer Erde, die mit Wasser, Stroh, manchmal Tierkot und Schafsblut vermischt wird.

Plötzlich standen wir vor einem unerwartet breiten Bach, dessen Überquerung mir anfangs unmöglich erschien. Da bahnte sich ein kleines Abenteuer an. Helge, sonst immer sehr ruhig und zurückhaltend, balancierte plötzlich über die schlüpfrigen Steine los und erreichte tatsächlich wohlbehalten das gegenüberliegende Ufer. Elke war erst überhaupt nicht begeistert, aber schließlich meisterte auch sie mithilfe anderer die Überquerung. Ab jetzt regnete es sehr stark, es war windig und kalt, sodass die Wanderung keinen rechten Spaß mehr brachte. Zurück in der Stadt, suchten wir deshalb ein Café auf, in dem Kuchen und heiße Getränke aufwärmten und stärkten, bevor die Weiterfahrt in Richtung des Patate-Tals begann. Wieder führten die praktisch ungesicherten Straßen an steilen Abhängen entlang. Nur gut, dass Gonzalito ein so guter und besonnener Fahrer war. Oft sah man erneut große, langgezogene Gewächshäuser, in denen vor allem Rosen gezüchtet werden. Auf vielen, steil an den Hängen gelegenen Feldern wird ausgezeichneter Arabica-Kaffee angebaut, der jedoch ausschließlich für den Export bestimmt ist. „Dafür", so erläuterte Vibeka wütend, „werden die Leute hier mit Nescafé aus Kolumbien abgespeist."

Abends erreichten wir die Hacienda Leito, die ursprünglich den Jesuiten gehört hatte und nach einem Erdbeben 1949 völlig renoviert worden war. Fast ein bisschen zu sehr, wie ich fand, denn von Hacienda-Atmosphäre war kaum noch etwas zu spüren. Dafür waren die Inneneinrichtungen komfortabel, beinahe schon luxuriös zu nennen. Wir bezogen unser von einem Kamin mollig warm beheiztes Zimmer. Das war angesichts der recht niedrigen Außentemperaturen sehr angenehm. Leider verhinderte der wolkenverhangene Himmel den mit Sicherheit wunderschönen Blick auf den Tungurahua.

Bald traf man sich in der Lounge, in der ein großer Kamin ebenfalls für wohlige Wärme sorgte. Bequeme, großformatige Möbel, eine einladende Bar, diverse Antiquitäten wie ein Grammophon oder ein

Uralt-Telefon schufen eine anheimelnde Atmosphäre. Da passte ein Canelazo hervorragend als Aperitif. Das ist ein heißes, mit Naranjilla[28] gewürztes alkoholisches Getränk, das auf der Basis von Zuckerrohrschnaps hergestellt und – wie unser Grog – mit heißem Wasser verlängert wird. Der Speisesaal wirkte dagegen etwas kühl und der Service war ein wenig schleppend, aber mein Churrasco[29] mundete ausgezeichnet. Man saß an einer langen Tafel zwar beieinander, aber doch ziemlich weit voneinander entfernt. Nach den Anstrengungen der Wanderung und dem guten Essen ließ es sich bei knisterndem Kaminfeuer anschließend trefflich einschlafen.

Wanderung am Chimborazo

Unterwegs zum Chimborazo begegneten uns viele kleine Gruppen von Indígenas, die ihre Geräte wie Hacken, Spaten und Schaufeln mit sich trugen. Vibeka glaubte, dass es sich dabei um eine Minga handeln könnte. Darunter versteht man eine auf Gegenseitigkeit beruhende Gemeinschaftsaktion, um Dinge zu bauen oder zu erledigen, die für das Allgemeinwohl der ganzen Kommune von Nutzen sind. Zum Beispiel für die Kanalisation, um die Bewässerungssysteme zu reparieren oder aus-

---

[28] Die Naranjilla ist eine südamerikanische Kulturpflanze, die zur Familie der Nachtschattengewächse gehört. Sie hat einen wunderbaren Geschmack, der kaum zu beschreiben ist und den man irgendwo zwischen Orangen, Zitronen, Guave und Ananas ansiedeln könnte.
[29] Das Churrasco gehört zu den typischen ecuadorianischen Gerichten. Es besteht aus einem meist recht großen Steak, das mit Spiegeleiern, Reis, Zwiebeln und Avocado serviert wird.

zubauen. Manchmal arbeiten die Leute aber auch gemeinsam auf den Feldern, um die Ernte einzubringen. Meist wird so eine Minga mit einem Fest beschlossen.

Die Häuser der Indígenas in der Chimborazo-Region sind sehr einfach. Man kocht und heizt mit Holz. Die Menschen kennen keine Matratzen, alle schlafen auf dem Boden. Meistens tragen sie Gummistiefel, weil der Boden in der Regenzeit sehr matschig ist. Am Wegesrand sahen wir häufig von den Einheimischen angepflanzte Pinien, die ursprünglich aus Europa stammen. Sie haben längst die ursprünglichen Bäume verdrängt, weil Pinien schneller wachsen und ausgezeichnet als Brennholz geeignet sind.

Unser kleiner Bus kletterte ächzend bis auf eine Höhe von 4080 Metern, wo die Wanderung im Gebiet des Chimborazo begann, der mit seinen 6310 Metern der höchste Vulkan Ecuadors und der zwölfthöchste in den Anden ist. Der höchste Vulkan in diesem dritthöchsten Gebirgszug der Erde ist der 6962 Meter hohe Aconcagua, der in Argentinien nahe der Grenze zu Chile liegt. Lange hat man geglaubt, dass der Chimborazo „nur" ein Berg sei, aber heute weiß man, dass er ein momentan inaktiver Vulkan ist, der aber nach Meinung von Wissenschaftlern durchaus in hundert oder mehr Jahren wieder aktiv werden könnte.

Der Chimborazo wird auch *Señor de los Señores*, also Herr der Herren, genannt, oder auch *Taita*, was so viel heißt wie Vater Chimborazo. Das sagt alles über die Wertschätzung und Ehrerbietung aus, die dieser Berg von den Einheimischen erfährt: Der Chimborazo ist ihnen heilig und gilt als Sitz der Götter.

Beim Aussteigen pfiff ein strammer Wind über die karge, unwirtliche Landschaft. Alle setzten Mützen auf oder schnürten Kapuzen fest und zogen – so vorhanden – Handschuhe als notwendigen Schutz gegen die schneidende Kälte an. Ein Schild mit der Aufschrift „Bienvenidos à Cunugyacu" begrüßte uns und ein weiteres wies darauf hin, dass es sich um ein *Proyecto Ecoturístico* handelt. Sonst waren lediglich zwei verlassene Gebäude zu sehen. Vor einem davon hockte reglos eine in Decken gehüllte Indígena mit Filzhut und in Gummistiefeln, sonst war es absolut menschenleer.

Langsam und stetig wanderten wir in der dünnen Luft, die in dieser Höhe schon spürbar weniger Sauerstoff spendet. Zweihundertzwanzig Höhenmeter waren zu überwinden. Das ist in dieser Höhe je nach Trainingszustand eine ordentliche Leistung, auf die man vorbereitet sein sollte. Jeder Schritt kostete Kraft, deshalb war es besonders wichtig, ein zwar niedriges, aber gleichmäßiges Tempo anzuschlagen, das möglichst ohne Unterbrechungen durchgehalten werden sollte. Wandert man in Regionen wie dieser, ändern sich die Perspektiven kaum, weil wenig optische Abwechslung erfolgt. Es geht relativ monoton bergan, der Blick ist meistens auf den geröllhaltigen Boden gesenkt und streift den kargen Pflanzenbewuchs. Gelegentlich auftauchende Vicuñas und Alpacas, die gemächlich fraßen und einher trotteten, belebten die raue Szenerie nur geringfügig. Leider ließ der fast vollständig in Wolken gehüllte Chimborazo nur den Ansatz einer seiner Flanken sehen.

In dieser Gegend leben die Indígenas vom Stamm der Salasacas. Der besteht aus circa 15.000 Männern und Frauen, die dunkle Trachten tragen. Vermutlich gelangten sie als Sklaven der Inkas um 1460 nach Ecuador. Heute betreiben sie Landwirtschaft und fertigen vor allen Dingen Textilien an, zum Beispiel sehr schöne Teppiche aus Naturmaterialien. Die Männer sprechen meist ein sehr gutes Spanisch, weil sie Kontakt zur Bevölkerung in den Städten haben, wenn sie ihre Produkte dort auf den Märkten verkaufen. Die Frauen dagegen arbeiten traditionell auf den Feldern und versorgen den Haushalt. Deswegen sprechen sie oft schlechter Spanisch als ihre Männer.

Während der Mittagspause fragte ich Vibeka nach der heutigen Situation der Indígenas: „Im Moment ist die recht gut. Früher wurden sie wirklich diskriminiert. Beispielsweise bezeichneten die Spanier sie anfangs und später sogar noch die Mestizen als „Maultiere", die nur zum Tragen von Lasten geeignet seien. Aber in den letzten zwanzig Jahren haben die Indígenas an Selbstbewusstsein gewonnen, sich organisiert und ihre Anliegen in die politischen Gremien eingebracht. Überhaupt hat sich das allgemeine Bewusstsein in Ecuador zum Miteinander der verschiedenen Ethnien grundlegend gewandelt. Die Bevölkerung des Landes ist mittlerweile in einem so hohen Grade und auf vielfältigste Weise gemischt, dass eine Unterscheidung nach Hautfarben kaum noch möglich ist. Einmal ganz davon abgesehen, dass diese rassistische Differenzierung und damit Diskriminierung natürlich sowieso völlig zu verurteilen ist. Mehr und mehr hat stattdessen das Gefühl einer nationalen Identität Platz gegriffen und dafür gesorgt, dass die Anliegen aller Menschen, die in Ecuador leben, sensibler wahrgenommen werden. Die Indígenas haben sich darüber hinaus gut in Kommunen organisiert, und sie profitieren davon, gemeinschaftlich Landwirtschaft zu betreiben oder ihren jeweiligen Gewerken nachzugehen. Noch vor zwei Jahrzehnten lebten die Indígenas ziemlich isoliert von der übrigen Bevölkerung, oft in höheren Bergregionen. Heute dagegen sind viele von ihnen sogar politisch aktiv engagiert, aber leider lassen sich auch deren Vertreter allzu oft korrumpieren." Mit bitterem Lächeln fügte sie hinzu: „Sie mutieren leider dann nicht selten selbst zu Ratten in Krawatten, die schnell in gute Positionen geraten, die Anliegen ihres Volkes vergessen und sich nicht mehr daran erinnern wollen, wofür sie gewählt wurden. Das süße Leben nach dem Vorbild der Amerikaner verdirbt ihre Charaktere."

Auf dem Rückweg trafen wir verschiedene kleine Gruppen von Indígenas, zu denen Vibeka im Laufe der Jahre ihrer Reiseleiter-Tätigkeit Kontakte geknüpft hatte. Es waren immer Frauen und Kinder, die alle diese typischen Filzhüte trugen und in dicke Ponchos gehüllt waren. Die Frauen hatten sich außerdem dicke Schals um die Schultern bis zum Kinn geschlagen. Auch die Mädchen waren nach der Tradition gekleidet, die Jungen dagegen hatten vielfach Baseballmützen aufgesetzt und westliche Jacken angezogen. Unweigerlich stellte sich mir da die Frage, wie lange die Menschen hier noch in ihrer totalen Freiheit, aber eben auch unter diesen schweren Bedingungen leben wollen. Wann werden die Frauen und Mädchen ebenfalls aufhören, ihre traditionellen Trachten zu tragen?

Vibeka brachte ihnen Bilder von vorherigen Reisegruppen mit, die die Kinder mit verhaltener Freude betrachteten und entgegennahmen. Auch wir fotografierten, nachdem wir um Erlaubnis gebeten hatten, schenkten den Kindern Süßigkeiten und Kugelschreiber, die sie mit dankenden Gesten schweigsam einsteckten. Fremd sahen diese Menschen mit ihren Hüten aus, mit ihren stoischen, ernsten, scheuen, selbstbewussten, skeptischen, sympathischen, von Kälte und ständigem Wind gezeichneten Gesichtern, die undurchdringlich waren. Manche boten kleine Strickereien wie Mützen oder Handschuhe an, und als ich eine Kleinigkeit kaufte und zu dem Geld eine Süßigkeit gab, öffnete ein Lächeln für Sekunden die Gesichtszüge der kleinen Verkäuferin.

Am Ende unserer Wanderung trafen wir auf zwei Indio-Frauen, die nicht weit von unserem Bus entfernt hockten. Ihre stoischen Mienen ließen nicht erkennen, ob sie bereits auf uns gewartet hatten oder nur zufällig hier saßen. Beide trugen eng in Ponchos gewickelte Babys an ihren Körpern. Auch ihnen gaben wir ein paar Süßigkeiten für ihre größeren Kinder daheim und erhielten als Dank ein würdevolles Lächeln.

Als wir erschöpft von der Wanderung wieder im Bus saßen und bei der Weiterfahrt den Chimborazo umfuhren, zeigte der sich plötzlich in seiner ganzen Schönheit. Wie weggeblasen waren die Wolken, und der schneebedeckte Berg erhob sich majestätisch ins strahlende Blau des Himmels. Auf der Weiterfahrt durch eine wunderbare Bergwelt tauchten hin und wieder Vicuñas auf, eine Schafherde wurde über die Straße getrieben und Gonzalito musste einzelnen Geröllbrocken ausweichen, die bewiesen, dass hier jederzeit mit Steinschlag zu rechnen war.

Legendäre Zugfahrt von Riobamba zur Teufelsnase

Unsere nächste Station hieß Riobamba, eine durch ein Erdbeben im 18. Jahrhundert weitgehend zerstörte Stadt. Ein kleiner Spaziergang durch die eher gesichtslosen Straßen rund um den Bahnhof belegte, dass aus der Zeit der Spanier kaum noch koloniale Bauten erhalten sind. Sehenswert ist dagegen der Altstadtkern rund um die Kathedrale, wo ich gern länger verweilt hätte, aber leider blieb uns dafür nicht viel Zeit, denn es war schon spät und früh am nächsten Morgen sollte die spektakuläre Zugfahrt von Riobamba zur Teufelsnase starten.

Man mag sich fragen, ob der Verkauf der Fahrkarten für die legendäre Andenbahn ein Beispiel für Korruption im Land, für die Unfähigkeit zur Organisation oder sogar für Gerechtigkeit ist. Jedenfalls bereitete Vibeka unsere Gruppe schon am Abend vorher gewissenhaft auf den nächsten Morgen vor. Sie erklärte, dass die Vergabe der Tickets für die Bahnfahrt immer kompliziert sei und von verschiedensten Faktoren abhänge wie zum Beispiel, ob man den Verkäufer kenne, wie man zu ihm stehe und ob gewisse „Schmiermittel" erforderlich seien. Trotz aller Anstrengungen sei es ihr jedenfalls dieses Mal nur gelungen, für acht Leute Fahrkarten zu bekommen, was damit begründet wurde, dass ja auch andere Leute die Möglichkeit haben müssten, mitzufahren. Vibekas Trick bestand nun darin, unseren Fahrer Gonzalito zum offiziellen Reiseführer zu „befördern", der für die übrigen Mitglieder unserer Gruppe Karten erwarb. Aber, so warnte sie, wir sollten uns bitte sehr unauffällig verhalten und so tun, als würden wir einander nicht kennen.

Also verließen wir acht, zu denen auch Elke und ich gehörten, den Bus einen Straßenzug vor Erreichen des Bahnhofs und marschierten in der morgendlichen Dunkelheit zur Station, wohin die anderen mit Gonzalito weitergefahren waren. Dort ignorierten wir einander wegen zu befürchtender Bespitzelungen, denn schließlich wollte unsere immer so rührige Reiseleiterin auch mit zukünftigen Gruppen diesen Trick anwenden, wenn man ihr wieder einmal aus undurchsichtigen Gründen nur eine begrenzte Anzahl von Tickets verkaufen wollte.

Bevor wir losfuhren, spielte überflüssigerweise eine Musikkapelle in der Hoffnung auf Trinkgeld. Aber wer empfindet schon so früh am Morgen Vergnügen an lustiger Anden-Musik? Man machte verschlafene Miene zum gequält fröhlichen Gedudel und war froh, als der Zug endlich bestiegen werden konnte.

Nicht mehr wie noch vor Jahren abenteuerlich auf den Dächern der Waggons, die von einer musealen Dampflok gezogenen wurden, sondern jetzt wohlgeordnet auf nummerierten Plätzen in einem dieselgetriebenen *autoferro*[30] ruckelten wir los, und ich empfand es als besonders ärgerlich, dass man einige Stand-by-Rucksack-Touristen nicht mitnahm, obwohl Plätze freigeblieben waren. Angesichts des vorangegangenen Theaters um die Fahrkarten war das gänzlich unverständlich, aber Vibeka raunte mir als Erklärung zu: „Das Personal ist einfach zu faul. Man hätte Fahrkarten besorgen müssen, die

---

[30] Das ist eine Art von Schienenbus.

nicht an Bord waren, und vor den Augen aller anderen kann man natürlich auch kein Schmiergeld einstecken. Und nochmals anzuhalten ohne eigenen Nutzen, das kommt denen nicht in den Sinn."

Der Zug – eigentlich nur ein ziemlich unbeholfen wirkender Triebwagen – zuckelte und hoppelte durch die unschönen Vorstädte des morgendlich erwachenden Riobamba. Müll, Hühner und Hunde säumten unseren Weg. Ein Schwein spazierte durch flache, unfertige Bauten, alles sah ärmlich aus. Die offizielle Zugbegleiterin war noch sehr jung und schon zu dieser frühen Morgenstunde mit erstaunlicher Fröhlichkeit gesegnet. Sie schritt unter ihrer feschen Dienstmütze zwischen den Sitzreihen entlang und wies mit heller, vor Stolz sich beinahe überschlagender Stimme auf das Zementwerk „Chimborazo" hin, das wir bald auf der linken Seite sehen konnten. Tja, da fragte man sich, wie viele der Passagiere wohl im Zug sitzen mochten, um diese Attraktion zu bewundern und den ausführlichen Informationen zu dieser sicher für die heimische Bauindustrie wichtigen Produktionsstätte zu lauschen.

Die Landschaft wurde allmählich interessanter, imposanter und schließlich spektakulär. Bald durchfuhren wir enge Täler, an deren Steilhängen sich die Felder der Indígenas hinzogen. Kühe und flache Häuser vervollständigten das Bild. Hier und da waren angepflanzte Eukalyptushaine zu sehen. Dann folgte ein fünfzehnminütiger Aufenthalt in der kleinen, 3056 Meter hoch gelegenen Station Guamote. Man vertrat sich ein wenig die Füße, gönnte sich als zweites Frühstück eine leckere Empanada oder nutzte die Gelegenheit, um die öffentliche Toilette zu benutzen. Das stellte sich als besonders geselliges Vergnügen heraus, weil die einzelnen Klokabinen nur halbhoch gemauert waren und geradezu zu einem Plausch einluden, was allerdings nicht jede und jeder behaglich fand.

Plötzlich stoppte unser Zug, denn ein dem unseren ähnliches Gefährt stand auf dem Gleis und verhinderte die Weiterfahrt. Das war keine große Überraschung, weil wir bereits erfahren hatten, dass dieses Räumfahrzeug circa zehn Minuten vor uns losgefahren war, um die Folgen eines kleinen Erdrutsches zu beseitigen und die Gleise von Geröll zu befreien. Zur Beruhigung hatte die junge Zugbegleiterin noch lächelnd hinzugefügt, dass die besagte Stelle wahrscheinlich aber bei unserer Ankunft längst geräumt sein und uns nicht aufhalten werde. Dem war aber nicht so.

Was war los? Alle stiegen aus, und schnell war die Ursache klar: Das Räumfahrzeug war entgleist und dadurch selbst zum Hindernis geworden. Drei Bedienstete – das heißt eigentlich nur zwei und ein Herr in pompöser Uniform – bemühten sich mehr oder weniger intensiv mit allerdings zweifelhaften Gerätschaften, den Zug wieder auf die Schienen zu setzen. Zwar fasste auch der Uniformierte pro forma hin und wieder eine Schaufel an, aber vornehmlich beschäftigte er sich damit, seine Untergebenen zu fotografieren, ihnen Arbeitsanweisungen und kluge Ratschläge zu geben. Die setzten sie in gemächlichem Tempo um. Der eine von ihnen versuchte, mit einer Art Wagenheber den entgleisten Zug etwas in die Höhe zu hieven. Der andere schaufelte abwechselnd Geröll beiseite, stocherte mit einer Eisenstange irgendwo herum oder drückte gegen den Triebwagen. Das konnte dauern, so dachte ich, und nutzte die Gelegenheit, mir die Gleise genauer anzuschauen. Die waren in einem furchteinflößenden Zustand: Sie verliefen nur ungefähr parallel, viele der hölzernen Bohlen waren morsch, beschädigt oder sie fehlten ganz. Zahllose Löcher gähnten mir entgegen, in denen ursprünglich Schrauben für den Halt zwischen Gleisen und Bohlen gesorgt hatten. Wahrscheinlich ist es nur eine Frage der Zeit, wann hier ein Zug nicht nur entgleist, sondern einen der steilen Abhänge herunterstürzen wird.

Nach meiner Inspektion setzte ich mich zu den anderen in die Sonne, erzählte aber nichts von meinen Erkenntnissen, schließlich hätte das niemandem genützt, und ich selbst entwickle in solchen Situationen immer einen nützlichen Optimismus nach dem Motto: „Muss ja nicht gerade heute etwas schiefgehen." Und schließlich war da ja auch noch unsere jung-dynamische Zugbegleiterin, die bei den Reisenden für gute Laune zu sorgen versuchte, indem sie daran erinnerte, dass man immer, also auch bei dieser unfreiwilligen Unterbrechung, das Positive im Negativen sehen müsse. Jetzt könnte sich nämlich jeder selbst davon überzeugen, wie fleißig und effektiv die Crew arbeite und wirklich in der Lage sei, dieses wie jedes Problem, das sich auf der Fahrt stellen könnte, zu lösen.

Die Weiterfahrt erfolgte nun in einem mehrfachen Hin und Zurück, um die Steigung im Zickzack-Kurs bewältigen zu können. Wir fuhren sprichwörtlich am Abhang des steilwandigen Tals entlang, auf dessen Sohle hundert Meter tiefer der Río Chanchán floss. Atemberaubende Ausblicke verdrängten die Furcht, dass angesichts der mangelhaften Beschaffenheit der Gleise etwas passieren könnte.

Der Zug hielt, die Reiseleiter deuteten auf die sogenannte Teufelsnase, aber die Touristen schauten eher ratlos umher, denn niemand vermochte auf Anhieb etwas Nasenähnliches in der bezeichneten Richtung zu erkennen. Darum wurde erklärt: „Die Teufelsnase selbst ist nicht etwa ein nasenähnlicher Vorsprung an einem Berg, sondern der ganze Berg dort drüben." Weil der aber weniger wie eine Nase, sondern eher wie ein Papageienschnabel aussah, erklärte Vibeka weiter: „Der Bau der Bahnstrecke dauerte knapp drei Jahre. Dabei kamen an die viertausend Menschen, meist Jamaikaner, ums Leben, die an diesem Großprojekt unter sklavenähnlichen Bedingungen arbeiteten.

Deren Leid hat wohl eher den Name ‚Teufelsnase' begründet." Sie glaubte, dass es diese Attraktion in wenigen Jahren nicht mehr geben werde, weil die notwendigen Reparaturen der Gleise zu teuer seien. Und diese Strecke nur für den Tourismus zu erhalten, lohne sich nicht, weil die Einnahmen zu gering seien. 1887 begannen die Amerikaner die Strecke zu bauen, oder richtiger gesagt, sie ließen sie bauen. Damals war es eine wichtige Transportstrecke, auf der alles Mögliche in Richtung Pazifik transportiert wurde. Aber seit der Fertigstellung der Panamericana hat diese Zugverbindung praktisch ihre Bedeutung als Transportweg verloren. 1998 bereitete El Niño[31] große Probleme, unter anderem sorgten Erdrutsche auch dafür, dass diese Zugstrecke erheblich beschädigt wurde. Die entsprechenden Reparaturarbeiten wurden nur notdürftig vorgenommen. Weite Teile der Strecke wurden stillgelegt und gegenwärtig werden nur noch 104 Kilometer bis zur Teufelsnase für die Touristen in Betrieb gehalten. Zwei weitere kleine Strecken werden auch noch befahren, allerdings ebenfalls nur für die Touristen. Zwar sagt die Regierung, dass auch zukünftig in die Bahnstrecke investiert werden solle, aber, so Vibeka: „Die haben schon viel versprochen."

Am Ende der Zugstrecke erreichten wir den Ort Alausí. Dort wurden Brötchen und Empanadas eingekauft, denn vor uns lag noch eine Busfahrt nach Ingapirca. Vor den Türen einer Bank stand eine lange Schlange von Indígenas. Wir fragten Vibeka nach dem Grund und sie erklärte, dass der jetzige Präsident verfügt habe, jeder Indígena-Familie pro Monat 36 US-Dollar zukommen zu lassen, was bedeute, dass in der ersten Woche eines jeden Monats ein Familienmitglied in die Stadt gehen müsse, um das Geld abzuholen. Wenn ein entsprechender Personalausweis vorgelegt werde, gebe es das Geld. „Ist doch gut", befand ich, aber Vibeka sah diese Unterstützung mit kritischen Augen. Das Ganze koste die Leute nämlich wegen der Anfahrt und

---

[31] Als „El Niño" wird eine Klimaanomalie bezeichnet, die sich im Abstand von zwei bis sieben Jahren hauptsächlich im Pazifikraum zwischen der Westküste Südamerikas und dem südostasiatischen Raum ereignet. Die Folgen bestehen in extrem starken Regenfällen mit entsprechenden Überschwemmungen. Dadurch werden Erosionen, Erdrutsche und Schlammlawinen verursacht, die vielfach Menschenleben fordern und immer enorme Schäden für Landwirtschaft und Infrastruktur bedeuten.

der notwendigen Verpflegung unterwegs viel Zeit und Geld und reiße sie aus ihrer alltäglichen Arbeit. Verrechne man dieses Geld mit den Kosten und dem Zeitverlust der Leute, bleibe ihnen praktisch kein Nutzen. „Alles nur Wahlkampftaktik", urteilte sie.

Abstecher zur Inka-Festung Ingapirca

Von Alausí ging die Reise weiter in südliche Richtung. Auf der Panamericana Sur, die auf diesem Abschnitt von ziemlich schlechter Qualität war, durchquerten wir die Provinz Cañar, in der der Stamm der Cañari beheimatet ist. Wie so oft auf unseren Fahrten erzählte Vibeka etwas über Land und Leute: „Die Cañari sind wirklich privilegiert, denn sie verfügen als einzige über eine tatsächliche Kanalisation. Ihre Häuser sind von außen sehr schön anzuschauen, innen aber sind sie genauso eingeteilt wie alle traditionellen Häuser. Das heißt, es gibt einen großen Wohnraum für alle."

Tatsächlich passierten wir schön dekorierte Häuser, aber Vibeka relativierte den optischen Eindruck: „Viele Familien bauen sich ein hübsch aussehendes Haus, benutzen das aber nicht, sondern besitzen es nur als eine Art Statussymbol. Gelebt wird in einem Haus nebenan ganz in der Tradition. Man zeigt damit, dass man es geschafft hat. Die Cañari sind der einzige Indianerstamm Ecuadors, in dem ein Matriarchat praktiziert wird. Die Frauen regieren nicht nur zuhause, sondern auch in den Kommunen. Sie organisieren alles. Es ist sehr interessant zu sehen, wie die Frauen auf den Märkten auch den ganzen Handel abwickeln und das Geld verwalten. Die Hautfarbe der Cañari ist viel heller als die der Menschen im Norden, ihre Gesichter sind eher oval, ihre Augen sind ein bisschen mandelförmig und die Nasen spitz. Die Cañari waren der erste Stamm, auf den die Spanier bei ihrer Eroberung trafen, aber weil sie mit denen kollaborierten, sind sie bis heute noch ein bisschen unbeliebt in Ecuador. In der Landwirtschaft wird immer noch nach traditionellen Methoden mit der Hand gearbeitet. Die Produkte werden von ihnen selbst auf den Märkten der großen Städte verkauft, wodurch die Leute auch gut Spanisch sprechen. Außerdem stellen die Cañari qualitativ hochwertige Web- und Töpfereiwaren sowie Schmuck her, deren Verkauf ebenfalls zu ihrem relativ guten Lebensstandard beiträgt."

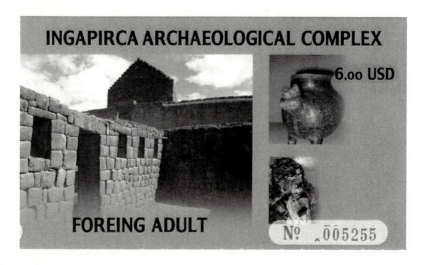

Unser Ziel hieß Ingapirca[32]. Das ist die bedeutendste, in einer Höhe von 3165 Metern gelegene Inka-Festung in Ecuador. Die Inkas herrschten zwischen dem 13. und 16. Jahrhundert über ein Reich, das in seiner größten Ausdehnung fast eine Million Quadratkilometer umfasste[33], und die Art und Weise, wie sie über zweihundert ethnische Gruppen herrschten, war meist rüde. So wurden beispielsweise lokale Heiligtümer vernichtet, um den von ihnen praktizierten Sonnenkult zu etablieren. Ingapirca war ursprünglich ein Ort, wo die Cañari seit ewigen Zeiten auf ihre Weise der untergehenden Sonne und dem aufgehenden Mond huldigten. Aber nachdem die Inkas ins Land eingefallen waren, bauten sie in der zweiten Hälfte des 15. Jahrhunderts genau an dieser Stelle eine Festung mit Sonnentempel, um ihren Sonnengott zu verehren, von dem sie abzustammen glaubten. Außerdem bestand die Festung aus Herbergen für Soldaten, die die Einheimischen unter Kontrolle halten sollten. Vielleicht war die Kollaboration der Cañari mit den Spaniern eine Art Rache für das, was die Inkas ihnen angetan hatten.

---

[32] *Ingapirca* heißt aus der Sprache der Cañari übersetzt „Steinmauer der Inka".
[33] Die Ausdehnung des Reiches entsprach etwa einer Entfernung vom Nordkap bis nach Sizilien.

Wer einmal die großartigen Tempelkomplexe der Inkas in Peru mit dem Machu Pichu als absoluten Höhepunkt gesehen hat, der wird von den eher spärlichen Resten vor Ort allerdings enttäuscht sein. Die Anlage ist zwar sehr gepflegt, aber mir fehlte es an Aura, wie sie in peruanischen Ruinen oft erlebbar ist. Vielleicht ist ein gewisses Zuviel an Restauration daran schuld, das mir diese Anlage als zu geglättet, zu vollständig ergänzt erscheinen ließ. Ein Grund dafür mag darin liegen, dass die Einheimischen lange Zeit Ingapirca quasi als Steinbruch nutzten, um Wohnhäuser zu bauen, weshalb vieles nicht nur wieder zusammengesetzt, sondern auch mit neu zugehauenen Steinen ergänzt werden musste.

Neben den Mauerresten und Fragmenten von Lagerhäusern, Bädern, Grabstätten und Wohnhäusern fällt vor allem der Sonnentempel ins Auge, der Blickfang und Zentrum der Anlage ist. Seine elliptische, anmutige Form mit den praktisch fugenlos ineinandergefügten Steinen, die – wie immer bei den Tempeln der Inkas – ohne Mörtel erbaut wurden, ragte heraus. Er diente den Inkas gleichermaßen als Weihestätte und Observatorium. Unglaublich, mit welcher Präzision schon damals Berechnungen über den Verlauf der Gestirne erfolgten, nach denen auch die Ausrichtung dieses Tempels vorgenommen wurde. So konnten Sonnenstrahlen zur Sonnenwende exakt durch dafür geschaffene Fenster in das goldverkleidete Innere dringen, um den Hohepriester in göttlichem Glanz erstrahlen zu lassen. Aber es ist nicht so, dass alle Rätsel der Inkakultur bereits entschlüsselt wären. Beispielsweise ist man bei der Deutung beziehungsweise der Bedeutung des El Sillón del Inca[34] oder des Inga Chungana[35] auf Vermutungen angewiesen.

Ich setzte mich auf einen Mauerrest und beobachtete einige Vicuñas, die in der sanften, weitgeschwungenen Hügellandschaft zwischen den Ruinen umhertrotteten: ein Bild, wie es fünfhundert Jahre zuvor ähnlich gewesen sein muss.

Noch heute wird hier jedes Jahr vom 23. bis 27. Juni das Inti Raymi, also das Fest der Sonne, mit Vertretern aller dreihundertfünfzig Kom-

---

[34] Übersetzt bedeutet *El Sillón del Inca* etwa „Sessel des Inka".
[35] Als Inga *Chungana* bezeichnet man einen großen Felsen, der vielleicht für Opferungen genutzt wurde.

munen der Indianerstämme Ecuadors gefeiert, und mittlerweile nehmen sogar Vertreter von Stämmen aus Chile und aus anderen Ländern teil. Sicherlich kann auch dieses Fest als Indiz dafür gewertet werden, dass sich die indigene Bevölkerung verstärkt mit der eigenen Geschichte befasst, sich von den Wert- und Moralvorstellungen der einstigen Eroberer und ihrer Nachfahren immer mehr emanzipiert und die eigene Identität betont.

Ein Besuch des angegliederten, gar nicht kleinen Museums rundete die Eindrücke ab. In ihm wird die Geschichte des Ortes ausführlich und anschaulich dargestellt und mit hier gefundenen Kult- und Alltagsgegenständen sowohl der Cañaris als auch der Inkas illustriert.

Cuenca

Stadtbummel

Es war schon später Nachmittag, als wir Cuenca erreichten. Gonzalito hatte Probleme, da das Parken vor dem Hotel Quijote verboten und eigentlich unmöglich war, denn dadurch musste der gesamte Verkehr zum Erliegen kommen. Er hielt dennoch und wir entluden das Gepäck in Windeseile.

Anschließend begann sofort unser Spaziergang durch das schon in Dämmerlicht getauchte Cuenca, weil durch den Besuch der Inka-Festung am Nachmittag nur noch wenig Zeit für einen Stadtbummel blieb, der deswegen am nächsten Vormittag fortgesetzt wurde, um wenigstens einen etwas intensiveren Eindruck von der vielleicht schönsten Stadt des Landes zu gewinnen.

Natürlich bestand der Schwerpunkt dieser Reise darin, in der Natur zu wandern, aber das 1999 von der UNESCO zum Weltkulturerbe erklärte Cuenca lohnt unbedingt einen längeren Aufenthalt, wie mir unsere Stippvisite schnell verdeutlichte.

Im von Akazien und Palmen umstandenen Parque Abdón Calderón war Zeit, um sich ein wenig mit den Grundzügen der Stadtgeschichte vertraut zu machen: Ursprünglich befand sich auf der Fläche des heutigen Cuenca eine Siedlung der Cañari, die Anfang des 16. Jahrhunderts zunächst von den Inkas und circa fünfzig Jahre später von den Spaniern okkupiert wurde. Letztere verfolgten die Idee, aus dieser Siedlung unter dem Namen Santa Ana de los Ríos de Cuenca eine glanzvolle Stadt nach dem Vorbild Cuzcos im heutigen Peru schaffen zu wollen. Dort war ich rund zehn Jahre zuvor gewesen, und wenn Cuzco auch durch seine besonders schöne Lage inmitten der Anden und die bedeutenden Ruinen aus der Inka-Zeit herausragt, so darf man dennoch feststellen, dass Cuenca ein vergleichbares koloniales Stadtbild und eine ebenfalls gelassene, angenehme Atmosphäre zu bieten hat. Man kann folglich feststellen, dass die Spanier ihre Intention verwirklicht haben, allerdings – und das sei an dieser Stelle nochmals ausdrücklich erwähnt – hier wie überall in Lateinamerika mit brachialer Gewalt und auf Kosten der indigenen Bevölkerung.

Der alte Name weist auf die vier die Stadt umgebenden beziehungsweise sie durchziehenden Flüsse hin. Besonders der Río Tomebamba ergänzt augenfällig die im Schachbrettmuster angelegte Struktur der Stadt, und jeder an historischer Architektur Interessierte wird an der Vielfalt der Gebäude seine helle Freude haben. Es finden sich Bauten im neogotischen, barocken oder im republikanisch- beziehungsweise spanisch-klassizistischen Stil sowie im Jugendstil der zwanziger Jahre des 20. Jahrhunderts. Mir als Laien entgingen bei unserem Spaziergang durch die Altstadt sicherlich noch weitere Facetten und Stilelemente, aber alles fügt sich erstaunlich harmonisch ineinander, sodass man den Eindruck eines ziemlich geschlossenen Stadtbildes erhält.

Heute gilt das circa 450.000 Einwohner zählende Cuenca als eine der reichsten Städte des Landes, die ein bevorzugter Wohnort von Künstlern und Intellektuellen ist und zudem als Zentrum für das Kunsthandwerk gilt.

Unser Spaziergang auf den mit Kopfsteinen gepflasterten Straßen führte entlang wunderschöner, vielfach zweistöckiger kolonialer Häuser. Fast jede Fassade zierte ein von schmiedeeisernen Geländern eingefasster Balkon, der von zahlreichen üppig bewachsenen Blumenkästen und -kübeln geschmückt wurde. Vielfach dekorierten die in satten oder pastellenen Farben bemalten Hauswände außerdem noch Fahnenmasten sowie Wand- und Hängelampen. Prachtvolle Eingangstore und -portale, Pilaster, Säulen und kunstvolle Fensterumrahmungen vervollständigten den Häuserschmuck.

Vor dem der Straße zugewandten Seiteneingang einer kleinen Kirche zeigte Vibeka auf in die Ecken gemauerte Wölbungen, auf denen Kreuze prangten, und sie fragte, ob wir wohl ahnen würden, welchen Zweck diese nachträglichen Einbauten haben könnten. Ich gebe diese Frage mal an Sie, liebe Leserin, lieber Leser, weiter.[36]

---

[36] Alkohol spielt auch in Ecuador eine problematische Rolle. Und wenn die Zecher auf ihrem Weg nach Hause ein dringendes Bedürfnis überkommt und keine Toilette in Sicht ist, werden geeignete Ecken gesucht, um sich zu erleichtern. „Aber doch nicht an Gotteshäuser!", höre ich auch Sie empört ausrufen. Leider ja, und deshalb diese Idee.

Wir bogen auf einen Platz mit vielen Buden, in denen alles feilgeboten wurde, wonach der Tourist Ausschau halten könnte: Schmuck, Keramik, Webwaren, Lederarbeiten und so weiter. Vibeka wies uns auf die überall anzutreffenden, Panamahüte tragenden Frauen mit ihren langen Zöpfen hin, die zu den Cholos Cuencanos gehören. Mit diesem Begriff wird kein indigener Stamm im eigentlichen Sinn bezeichnet, sondern eine Volksgruppe, deren Ursprung in einer spezifischen Vermischung zwischen Cañari, Inkas und Spaniern wurzelt und die im Laufe der Jahrhunderte zu einer eigenen Identität gefunden hat.

Nicht weit davon entfernt gelangten wir auf die Plazoleta El Carmen mit einem kleinen Blumenmarkt, auf dem zu dieser vorgerückten Stunde immer noch Betrieb herrschte. Welch Pracht an voluminösen Sträußen, Gebinden und Arrangements aus Blumen aller Art!

Angeblich soll es in der Stadt zweiundfünfzig Kirchen geben – eine für jede Woche des Jahres. Wir beschränkten die Besichtigungen auf zwei von ihnen. An den Blumenmarkt grenzt El Carmen de la Asunción. Man betritt das Innere der 1682 erbauten Kirche durch ein elegantes steinernes Portal, das die wuchtige weiße Fassade kontrastiert, und gelangt in ein beinahe gemütliches Kirchenschiff. Viel Gold, Spiegel, Säulen, Heiligenfiguren, Nischen, Kerzen und eine insgesamt angenehm gedämpfte Farbigkeit lassen das Barocke leicht verspielt wirken.

Zwei Häuserblocks weiter liegt die wesentlich größere Iglesia de Santo Domingo, in der gerade eine Messe zelebriert wurde, sodass wir nur kurze Blicke in das dreischiffige Innere werfen wollten. Eine Monstranz wurde herumgetragen, riesige Blumengebinde schmückten den Altar und stimmungsvoller Gesang erfüllte den Raum bis unter das schwere Tonnengewölbe. Vor der Kirche wurde ein Feuerwerk veranstaltet, und mir war nicht klar, ob zwischen Gottesdienst und dem Geknalle ein Zusammenhang bestand.

Echte Panamahüte gibt es nur in Ecuador

Schon seit langem hatte ich den Wunsch, einmal einen „echten" Panamahut zu besitzen. Und am besten natürlich direkt aus seinem Ursprungsland. „Panamahut aus Ecuador?", werden Sie zweifelnd fragen. Ja, tatsächlich ist Ecuador die Heimat dieser legendären Kopfbedeckung, und nicht Panama, wie der Name fälschlicherweise suggeriert. Die Bezeichnung „Panamahut" mag entstanden sein, weil die Hüte einst – die ersten wohl schon Ende des 18. Jahrhunderts – über Panama in die USA gelangten und sich niemand darum scherte, wo die Hüte eigentlich gefertigt wurden.

Als Wiege des Panamahutes gilt der Ort Montecristi an der Pazifikküste, aber auch in Cuenca lassen sich zahlreiche Geschäfte und Fabriken finden, in denen diese schmucken Kopfbedeckungen angeboten werden. Unser Besuch der auf die Anfertigung von Panamahüten spezialisierten Firma Homero Ortega P. & Hijos begann in einem kleinen Museum, in dem die einzelnen Herstellungsschritte und alles Wissenswerte rund um die Produktion erläutert wurde. Auf dem anschließenden Rundgang zu den verschiedenen Fertigungsstationen wurde das zuvor Erfahrene veranschaulicht und Qualitätsunterschiede erklärt.

Ich hatte mir bereits vor unserer Reise vorgenommen, ein Exemplar zu erwerben, denn diese Hüte gelten als nützliche Gebrauchsartikel, weil sie an heißen, sonnigen Tagen eine ideale Kopfbedeckung sind: Sie sind leicht, luftdurchlässig und spenden Schatten. Zudem können sie – entsprechend eingerollt – praktisch verstaut auf Reisen mitgenommen werden. Die enorme Preisspanne reicht von etwa fünfzehn bis zu mehr als vierhundert US-Dollar pro Hut und erklärt sich durch die Qualität des verwendeten Rohmaterials und die Feinheit der Flechtarbeit. Das Material liefert die Toquilla-Palme, die nur an der Westküste Ecuadors wächst. Aus deren langfaserigen Blättern wird das für die Produktion notwendige Stroh gewonnen. Aufwändige Verfahren sind nötig, bis das Spitzenprodukt, der Superfino, hergestellt ist, aber es gibt auch qualitativ hochwertige Modelle für deutlich weniger Geld.

Hatten anfangs wohl nur wenige aus unserer Gruppe die Absicht, sich ebenfalls ein Exemplar zu kaufen, so ließen sich viele von den vielfältigen Ausstellungsstücken von klassisch über chic bis grell inspirieren, das eine oder andere Modell aufzusetzen und sich in einem der vielen Spiegel probeweise behütet zu begutachten. Das wenig überraschende Ergebnis bestand in zahlreichen geschmackvoll gestalteten Kartons voller Sombreros, die wir beglückt aus dem Laden trugen. Zugegebenermaßen waren das etwas sperrige Mitbringsel, aber gleichermaßen nützlich, geschmackvoll und originell, wie ich fand.

Über Politik, mal ganz anders

Zwar war ich am Abend müde von den vielen Eindrücken des Tages, wollte aber die Gelegenheit nutzen, um mich ein wenig in der Stadt umzusehen und vielleicht auch mal Einheimischen zu begegnen, was ja während der Wanderungen in der einsamen Natur kaum möglich war. Schließlich landete ich in einer Bar, und da ich leidlich Spanisch spreche, der Alkohol seine Wirkung tat und ich zufällig auf sehr kontaktfreudige junge Ecuadorianer traf, ergab sich von selbst ein launiges Gespräch. Einige Drinks später, als längst alle üblichen Floskeln ausgetauscht waren, saß ich nur noch mit Pablo an einem hinteren Tisch und wir kamen auf die Politik des Landes zu sprechen.

Man weiß, dass Ecuador eine präsidiale Republik ist, in der das Volk alle vier Jahre den Staatspräsidenten als Oberhaupt wählt. Das klingt gut, aber was ist wirklich von dieser Demokratie zu halten? Gibt es eine funktionierende Gewaltenteilung, ernstzunehmende Parteien mit eigenen Programmen, faire, freie und unabhängige Wahlen? Pablo blickte sich um. Er hatte einige Jahre in Deutschland gearbeitet und sprach deshalb ausgezeichnet Deutsch. Etwas zögerlich begann er und sagte, er habe eigentlich keine Angst, seine Meinung zu sagen, aber jeder müsse nun auch nicht zuhören. Allerdings, so setzte er lächelnd hinzu, sei die Gefahr sehr klein, dass jemand hier Deutsch verstehe.

Was mir Pablo erzählte, zeigt, wie ein gebildeter Einheimischer, der auch Auslandserfahrungen gesammelt hat, die Politik seines Landes sieht. Ich glaube, dass seine Schilderung, die ich dank eines Mitschnitts[37] weitgehend wörtlich wiedergebe, einen besseren Eindruck vermitteln kann als jene zusammengefassten Darstellungen, wie man sie üblicherweise zu lesen bekommt. Allerdings beschränke ich mich auf einen kurzen Abschnitt der jüngeren Landesgeschichte, und ich will nicht versäumen zu erwähnen, dass Pablo im Verlauf seiner Schilderungen immer mehr von seiner Empörung mitgerissen wurde und ein wenig aus der Fassung geriet. Seine Angaben, die jetzt folgen, habe ich nicht auf ihre Richtigkeit überprüft, weil es mir wichtiger ist, die Einschätzung und das Empfinden eines Einheimischen so authentisch wie möglich wiederzugeben.

Pablo sagte: „1996 wurde Abdalá Bucaram gewählt, El Loco, ‚der Verrückte', wie das Volk ihn bald nannte. Er war mit dem Versprechen angetreten, etwas für die Armen zu tun, aber dann hat er in sechs Monaten über 986 Millionen Dollar aus dem Land geschafft. Heute lebt er mit seiner Familie glücklich in Panama. Nach sechs Monaten waren die Beziehungen zum Ausland praktisch zum Erliegen gekommen, er war ein sehr populistischer Mann. Er wollte immer Musik machen. Er ließ im ganzen Land Konzerte veranstalten. Es war wohl sein großer Traum, Sänger oder Musiker zu werden. Nach sechs Monaten protestierten die Leute. Fast drei Wochen lang legte ein Generalstreik das Land praktisch lahm. Schon 1997 wurde er vom Par-

---

[37] Pablo gab mir ausdrücklich die Genehmigung, unser Gespräch aufzuzeichnen, damit ich, wie er sagte, in Deutschland einmal berichten solle, wie es wirklich in der ecuadorianischen Politik zugehe.

lament wegen Unzurechnungsfähigkeit abgesetzt. Am 23. Februar 1997 gab es dann drei Präsidenten zur gleichen Zeit: Der Loco wollte nicht abtreten, das Parlament wählte einen anderen Präsidenten und der Vizepräsident erklärte sich auch zum Präsidenten. Die Leute waren völlig verunsichert. Außerdem kam hinzu, dass durch El Niño 1997/98 fast die gesamte Pazifikküste des Landes verwüstet wurde. Es konnte nur wenig produziert werden, außerdem war der Weltmarktpreis für das Erdöl eingebrochen. Schließlich wurde eine Militärregierung gebildet, die einen Interims-Präsidenten wählte, Fabián Alarcón. Dieser blieb ein Jahr, in dem er zwar nicht viel, aber das Wenige ganz ordentlich machte. Später wurde er wegen Korruption angeklagt, aber freigesprochen. 1998 gab es mal wieder Neuwahlen und Jamil Mahuad wurde gewählt. Das war ein smarter Mann, der bis dahin in der Politik kaum in Erscheinung getreten war. Die Leute dachten, dass er deshalb eventuell etwas Besseres für das Land bewirken würde, weil er vielleicht noch nicht korrumpiert sein könnte. Aber schon nach einem Jahr entdeckte man, dass auch er das Land um Geld betrogen hatte. Heute lebt er mit seiner Familie glücklich in New York. Seinen Wahlkampf hatten ihm die Privatbanken in Ecuador finanziert. Zwar war vorgesehen, dass er später dieses Geld zurückzahlen sollte, aber das ist nie geschehen. Im Jahr 2000 wurde er durch einen Militärputsch gestürzt und durch Gustavo Noboa ersetzt. Mittlerweile war das Land in eine schwere Wirtschaftskrise geraten und die Inflationsrate erreichte über sechzig Prozent. Daraufhin fror der Präsident alle Bankkonten ein, keiner konnte Geld abheben oder überweisen. Konsequenz: Viele ausländische Firmen verließen Ecuador. Protest und Streiks waren die Folge. Viele liefen nach Quito, um zu protestieren. Kurzerhand wurde der US-Dollar übernommen und das Geld zu einem Kurs 1 Dollar = 25.000 Sucres getauscht. Man erhoffte sich dadurch Stabilität für die Wirtschaft. Aber es gibt immer noch eine große Inflation und ständig steigende Preise. Problem: Billige ausländische Produkte strömen ins Land, die hier nicht zu dem Preis produziert werden können. 2002 wurde der linksgerichtete Ex-Militär Lucio Gutierrez zum Präsidenten gewählt, den auch die Indígenas unterstützten. Der wurde aber zu einem der korruptesten Präsidenten überhaupt und sorgte dafür, dass immer und überall Korruption herrschte. Er war zwei Jahre im Amt, das war eigentlich eine

Diktatur. Es gab keine Meinungsfreiheit. Die Folge waren erneute Proteste, die Leute gingen wieder auf die Straße. In Quito beispielsweise führte das zu einem Chaos. Am 26. April 2002 strömten die Leute mit weißen Luftballons auf die Straßen, die sie alle um 19 Uhr steigen ließen. Keine Reaktion vom Präsidenten. Am nächsten Tag zündeten die Leute Kerzen um 19 Uhr an. Auch darauf gab es keine Reaktion. Am dritten Tag schlug man Töpfe und Deckel aufeinander und veranstaltete einen riesigen Lärm. Massen von Leuten waren auf den Straßen. Immer noch keine Reaktion. Am vierten Tag waren die Leute bereit, mit Macheten und Stöcken gegen das Militär zu kämpfen. Doch der Präsident wollte nicht aufgeben. Die Leute wollten den Präsidenten zum Hauptplatz bringen und ihn mit Brennnesseln schlagen. Das ist eine traditionelle Strafe in Ecuador, wenn jemand etwas klaut. Die Frauen vollziehen diese Strafe. Anschließend wird der Geschlagene in kaltes Wasser geworfen, damit die Haut so richtig empfindlich wird. Leider klappte das nicht. Der Präsident flüchtete zum Flughafen, bekam eine Ausreisegenehmigung nach Brasilien. Die Leute rannten sogar hinter dem Helikopter her. 2005 setzte ihn das Parlament ab und setzte den bisherigen Vizepräsidenten Alfredo Palacio González ein, aber die politischen Verhältnisse blieben sehr instabil. Seit Januar 2007 gibt es einen neuen Präsidenten, Rafael Correa, der war früher Wirtschafts- und Finanzminister."

Ich fragte Pablo, was er denn von dem gegenwärtigen Präsidenten hält. Er dachte einen Moment nach, bevor er sagte: „Der lacht sehr schön, hat ein hübsches Gesicht, sieht ganz nett aus, aber der redet zu viel", und dann setzte er ernsthafter fort: „Wir haben immer noch eine große Korruption auf allen Ebenen. Aber das Schlimmste ist: Wir lassen uns korrumpieren. Warum das funktioniert? Weil es keine gute Ausbildung gibt in Ecuador, wird das wenigste Geld in die Bildung investiert. Der Grund: Die Politiker wollen ein dummes Volk haben, weil Wahl Pflicht ist. Alle müssen wählen, auch die, die nicht lesen und schreiben können. Wie geht das? Eine Woche vor der Wahl gehen die Politiker in die kleinen Dörfer mit Säcken voller Dollar – Ein-Dollar- oder Fünf-Dollar-Scheine –, verschenken die an die Leute und zeigen ihnen, wo sie das Kreuz machen sollen. Politiker ist der einträglichste Job in Ecuador, jeder Parlamentarier verdient über 5000 Dollar im Monat. Ein Normalgehalt liegt bei 260 Dollar. Der heutige

Präsident ist wie jeder Präsident vor ihm praktisch wie ein Diktator. Großartig hatte er angekündigt, für eine neue Verfassung zu sorgen. Aber anstatt sich um die wirklichen Probleme des Landes zu kümmern, garantiert der Präsident den Frauen in der neuen Verfassung einen guten Orgasmus. Das war ernst gemeint und keinesfalls ein Witz! Wenn nicht, kann die Frau ihren Mann anzeigen. Warum ging es nicht um Ausbildung oder andere wichtige Themen? Wochenlang war es das Topthema im Fernsehen. Nur ein Beispiel für viele andere sonderbare Sachen in der neuen Verfassung. Praktisch keine freie Meinungsäußerung. Das Parlament ist gekauft, es gibt praktisch keine Opposition mehr. Es wird gemacht und gesagt, was der Präsident will. Der ist ein Fanatiker von Hugo Chavez[38], den er kopiert und um Rat fragt. Ein gemeinsames Projekt ist eine neue Raffinerie."

Ich gebe ein weiteres Bier aus, weil es Pablo drängt, noch etwas über die Situation der kleinen Leute zu berichten: „Die Schule kostet 25 Dollar pro Jahr pro Kind. Große Familien können das nicht bezahlen. Alle Lernmittel müssen selbst gekauft werden, auch die Schuluniformen. Das Versprechen des Präsidenten, nämlich eine kostenlose Schule für alle, wurde natürlich nicht eingehalten. Alles wird mit Krediten finanziert, alle sind deshalb total verschuldet. Gut verdienen Privatärzte oder Lehrer an privaten Schulen, aber ein staatlicher Lehrer verdient auch nur 360 Dollar. Die protestieren auch jedes Jahr für 20 Dollar mehr. Die Leute sind unzufrieden, die Lage ist instabil, aber keiner sagt etwas. Alle haben Angst, halten den Mund. Posten und Ämter werden nach wie vor gekauft. Der Präsident ist sehr, sehr intelligent, aber seine Fähigkeiten setzt er nur für seine eigenen Interessen ein. Man hat resigniert.

Viele wandern nach Spanien oder Nordamerika aus, wo sie oft illegal leben. Die wollen zwar irgendwann gerne zurück, aber ihre Familien leben von dem Geld, das ihnen ihre Kinder schicken. Dem Staat ist das nur recht, weil er so nichts für den Unterhalt seiner armen Bürger tun muss." Resigniert schloss Pablo: „Weißt du, das Land ist eigentlich reich, aber die Menschen sind arm, weil das System korrupt

---

[38] Hugo Chavez ist seit 1998 Staatspräsident von Venezuela. Er gilt als sozialistisch-marxistischer Populist, der sehr polarisiert. Auch seine negative Haltung gegenüber den USA hat ihn bekannt gemacht.

ist." Ich möchte Pablos Ausführungen, denen ich übrigens mehr Glauben schenke als manchen offiziellen Darstellungen, nachfolgend ein wenig ergänzen:

Kurz, knapp, kritisch: Abriss zur Geschichte des Landes

Bis in die zweite Hälfte des 15. Jahrhunderts war das Gebiet des heutigen Staates Ecuador von unabhängigen indigenen Völkern besiedelt. Dann unterwarfen die Inkas um das Jahr 1460 das gesamte Land und herrschten dort für knapp hundert Jahre. 1526 landeten die ersten spanischen Eroberer, deren Nachfolger das Gebiet vor allem unter der Führung von Francisco Pizarro in langen, grausigen Kämpfen in Besitz nahmen. 1533 wurde Atahulapa, der letzte Herrscher der Inkas, von ihnen hingerichtet. Seit 1543 gehörte das zur Provinz Quito ernannte Gebiet zum von Karl V. gegründeten Vizekönigreich Peru. Die Spanier etablierten für fast dreihundert Jahre eine Kolonialherrschaft, in der sie das Land ausplünderten und die Einheimischen bis hin zur Versklavung entrechteten.

1809 verkündeten Kreolen[39] in Quito eine Unabhängigkeitserklärung, die den erbitterten und letztlich militärisch erfolgreichen Widerstand der Königstreuen hervorrief. Aber unter Führung von Simón Bolívar, José de San Martín und später Antonio José de Sucre wurde 1822 die Unabhängigkeit von Spanien erkämpft und das Reich Großkolumbien ausgerufen, das das Gebiet der heutigen Länder Venezuela, Kolumbien und Ecuador umfasste.

Die Staatsgründung der unabhängigen Republik unter dem Namen Ecuador erfolgte 1830 unter General Juan José Flores. Der Name begründet sich durch die geografische Lage, denn der Äquator verläuft fünfzehn Kilometer nördlich der Hauptstadt Quito und rückt das Land – etwas pathetisch ausgedrückt – *en la mitad del mundo*, also „in die Mitte der Welt". Ecuador erstreckt sich von 2 Grad nördlicher bis 5 Grad südlicher Breite.

---

[39] Als Kreolen bezeichnet man die Nachkommen jener Menschen, die aus Europa – in diesem Fall Spanien – nach Amerika eingewandert waren.

Ein beschleunigtes wirtschaftliches Wachstum gegen Ende des 19. Jahrhunderts war vor allem dem rasanten Export von Kakao zu verdanken, aber davon profitierten nur sehr wenige sehr reiche Familien, sodass sich das Land zunehmend in einem sich immer weiter verschärfenden Spannungsfeld zwischen den klerikal-konservativen Großgrundbesitzern der Sierra und der liberal-monopolistischen Oligarchie aus der Küstenregion befand. Zwischen 1860 und 1875 erlebte Ecuador unter Präsident Morenos eine Diktatur und 1912 den Mord an Präsident Alfaro, der als herausragender liberaler Politiker und als zentrale Figur des politischen Lebens an der Wende vom 19. zum 20. Jahrhundert galt.

Der Beginn des 20. Jahrhunderts war innenpolitisch gekennzeichnet durch den praktischen Stillstand des Prozesses liberaler Reformen und wirtschaftspolitisch durch den Zusammenbruch der Kakaoindustrie. Neue, vor allem afrikanische Anbieter waren auf den Markt gedrängt und hatten für einen Preisverfall für Kakao gesorgt. Hinzu kam die Weltwirtschaftskrise 1929, durch die die Nachfrage in den Industriestaaten nach Luxusprodukten wie Schokolade drastisch sank. Inflation, massenhafte Entlassungen, soziale Unruhen und Aufstände waren in Ecuador die Folge. In der sogenannten „Juli-Revolution" keimte nur kurz die Hoffnung auf Reformen, die tatsächlich demokratischen Prinzipien verpflichtet waren, bevor das Land wieder von zahlreichen Präsidenten von nicht selten zweifelhaftem Charakter regiert wurde.

1941 besetzten peruanische Truppen große Teile der an Erdöl und Kaffeeplantagen reichen Provinz El Oro. Ein Jahr später legte das „Protokoll von Rio de Janeiro" eine neue Grenzziehung zwischen beiden Ländern fest, die Ecuador notgedrungen akzeptieren musste, als demütigend empfand und später infrage stellte. Spätestens seit diesen Ereignissen steht das Verhältnis beider Nachbarländer unter Spannungen, die 1995 erneut zu einem Grenzkonflikt führten, der allerdings drei Jahre später mit einem Friedensvertrag beigelegt werden konnte. In den 1950er Jahren war Ecuador zum Exportweltmeister von Bananen geworden, und dieser Boom fand unter anderem auch einen positiven Niederschlag im Ausbau der Infrastruktur, in der Modernisierung des Staatswesens und in der Verbesserung der Lebenssituation vieler Kleinbauern. Mit dem späteren internationalen Preisverfall für Bananen gingen diverse innenpolitische Krisen einher, in deren Folge zum Beispiel auch die revolutionären Geschehnisse auf Kuba oder die Ideen der sogenannten „Befreiungstheologie" reflektiert wurden und Anhänger fanden.

Eine erste Agrarreform im Jahr 1964 gestand den Indígenas per Gesetz erstmals einen Rechtsanspruch auf ihr Land zu, dennoch muss diese Reform letztlich als gescheitert gelten, weil sie die Lebensbedingungen der Indígenas aus verschiedenen Gründen praktisch nicht verbesserte. Ab 1973 prägten die Förderung und der Export von Erdöl die Wirtschaft des Landes, begleitet von einer relativen politischen Stabilität. Allerdings profitierten Staat und Bevölkerung nur in sehr geringem Maße vom Gewinn aus der Erdölförderung, einige wenige Ecuadorianer und vor allem ausländische Konzerne dagegen außerordentlich (vgl. Kapitel „Erdöl im El Oriente"). In den 1970er Jahren kam es aber auch zu einer schweren Wirtschaftskrise, die vor allem durch den Verfall der Weltmarktpreise für Erdöl hervorgerufen wurde. Folge davon waren ein enormer Wertverlust des Sucre und eine Inflation von bis zu 60 %. Daraufhin wurden sämtliche Bankguthaben vorübergehend eingefroren und der Sucre an den US-Dollar gekoppelt.

Ein verheerender El Niño zerstörte 1982/83 weitgehend die Ernte und beschädigte nachhaltig die Infrastruktur des Landes. Vier Jahre später verursachte ein Erdbeben gravierende Beschädigungen an der Ölpipeline, die massive ökologische und ökonomische Schäden zur Folge hatten. 1999 erschütterte erneut eine schwere Wirtschaftskrise das Land. Auch als Folge davon wurde im Jahr 2000 der US-Dollar zur offiziellen Landeswährung gemacht.

Politisch wurde das Land in den vergangenen Jahrzehnten entweder durch Militärregierungen oder durch verschiedenste Präsidenten geführt, die meist durch fragwürdige Wahlen an die Macht gelangt waren und durch Putsch oder Absetzung ihre Ämter wieder verloren. Dabei wechselten einander Präsidenten von erzkonservativer bis linksorientierter Gesinnung, oft genug von zweifelhafter Qualifikation und Legitimation, in der Führung des Landes einander ab. Ich verzichte auf eine namentliche Auflistung und verweise auf das Kapitel „Über Politik: mal ganz anders". Auch über den gegenwärtigen Präsidenten Rafael Correa gehen die Meinungen auseinander. Eine Ecuadorianerin sagte mir über ihn: „Der hat so ein schönes Lächeln", aber das klang, als wollte sie damit andeuten, dass dieses Lächeln trügerisch sein könnte. Correa ist seit 2007 gewählter Präsident von Ecuador, der im Jahr 2009 für eine zweite Amtszeit wiedergewählt wurde. Seine politische Überzeugung wird mit „linksnationalistisch" umschrieben[40], Kritiker werfen ihm Populismus und eine zu große Nähe zum exzentrischen Staatschef von Venezuela, Hugo Chávez, vor. Beide sprachen sich mehrfach für einen „Sozialismus des 21. Jahrhunderts" aus, dessen Definition sich aber in diffusen Andeutungen und unklaren Konturen verlor. Dass die politischen Verhältnisse in Ecuador immer noch nicht mit Demokratien in Europa vergleichbar sind, mag ein Zeitungsbericht der Süddeutschen Zeitung vom 1. Oktober 2010 dokumentieren, in dem es heißt: „Proteste meuternder Sicherheitskräfte haben am Donnerstag an den Rand eines Putsches geführt. Aufständische Soldaten und Polizisten besetzten den Flughafen der Hauptstadt Quito, stürmten den Kongress und hielten stundenlang Präsident Rafael Correa in einem Krankenhaus fest. Inmitten heftiger Schusswechsel wurde der 47-Jährige von regierungstreuen Soldaten befreit und zum Präsidentenpalast gebracht. Mindestens ein Polizist wurde dabei getötet. Auch Correa selbst wurde verletzt. Nach seiner Befreiung hielt das Staatsoberhaupt vor jubelnden Anhängern eine Rede vom Balkon des Präsidentenpalastes: ‚Glaubt mir, als ich befreit wurde und hörte, dass mindestens ein Polizist gefallen war, da musste ich weinen – und zwar nicht aus Angst, sondern aus Trauer.' Auslöser war der von Correa verfolgte Sparkurs, der auch für die Polizisten massive Einschnitte bedeutete. Die meuternden Sicherheitskräfte attackierten während der Unruhen schließlich auch den Präsidenten und seine Frau, die verletzt in ein Krankenhaus flüchteten. Dort wurden sie umzingelt und festgehalten. Correa sprach von einem Putschversuch und verhängte den Ausnahmezustand."

---

[40] Quelle: Wikipedia

Im Nationalpark Cajas

Laut Präsident Correa sollen mittlerweile 80 % der Straßen des Landes fertiggestellt sein, aber angesichts der zahlreichen Baustellen unterwegs fragte unser Mitreisender Michael lautstark durch den Bus: „Und warum müssen wir dann immer auf den übrigen 20 % herumfahren?" Natürlich hatte er die Lacher auf seiner Seite, dennoch, das sei hier angemerkt, sind die Straßenverhältnisse in Ecuador insgesamt durchaus akzeptabel, vielfach sogar gut bis sehr gut.

Der über 28.000 Hektar große Parque Nacional Cajas, also der Nationalpark Cajas, liegt auf einer Höhe von 3500 bis 4200 Metern und damit weitgehend jenseits der Baumgrenze. Wohl über zweihundert Seen und zahlreiche Bäche fügen sich in die von schroffen Bergen umrahmte Szenerie und verleihen der rauen, tundraartigen Landschaft hier und da eine beinahe romantische Anmut, die mich ein wenig an das schottische Hochland erinnerte.

Cajas bedeutet „Kisten", und der Name des Nationalparks dürfte entstanden sein, weil die Eiszeit die charakteristischen, rechteckig wirkenden Berge dieses Gebietes ein wenig wie Kisten oder Kästen geformt hat. Aber auch die hiesigen Seen erscheinen weniger rund und kreisartig als üblich, sondern ebenfalls eher eckig. Jedoch existiert noch ein alternativer Erklärungsansatz für den Namen: Im Indianischen gibt es nämlich ein ähnlich klingendes Wort wie Cajas, das allerdings „Gefahr" bedeutet. Es mag sein, dass der Name auch hier seinen Ursprung hat, weil es früher für die Menschen gefährlich gewesen sein muss, durch diese Berge zum Beispiel im Nebel oder in der Dunkelheit zu gehen.

Wörtlich aus dem Spanischen übersetzt heißt das Wort *Páramo* Ödland, und tatsächlich mag diese Landschaft auf den ersten Blick öde wirken und kaum eine Lebensgrundlage für die Menschen bieten. Der touristische Wanderer erlebt die Szenerie dagegen aus einer völlig anderen Perspektive, denn er wird die unberührte, ursprünglich erhaltene Natur mit ihrer endemischen[41] Flora genießen. Wer genau hin-

---

[41] Damit ist gemeint, dass bestimmte Pflanzen ausschließlich in einem bestimmten Gebiet vorkommen.

schaut, entdeckt zwischen dem Páramogras vielfach farbenfrohe Blüten zum Beispiel von bizarren Orchideen, verschiedenen Bromeliengewächsen oder Korbblütlern, die zwar kleine, dafür oft leuchtende Farbsprengsel in das beherrschende Graugrün der Landschaft tupfen. Lamas und Alpacas wurden vor Jahren in diesem Park ausgewildert, um sie wieder anzusiedeln, aber die bekamen wir auf unserer Wanderung genauso wenig zu sehen wie die ebenfalls hier ansässigen Anden-Füchse oder Brillenbären. Viele Ornithologen nutzen den Park zu Forschungszwecken, aber um Kolibris, Tukane oder gar die seltenen Kondore zu Gesicht zu bekommen, braucht man Glück oder längere Beobachtungszeiträume und spezielle Plätze.

Zwar war es kalt, windig und wolkenverhangen, aber die Wanderung war nicht anstrengend und es boten sich ständig neue Perspektiven, die zum Fotografieren einluden. Romantisch plätschernde Bäche säumten unseren Weg, auf glatten Seeoberflächen spiegelten sich Wolken oder Uferränder und ein kräftiger Wind ließ das Gras rascheln.

Wir erreichten das verzweigte Ästegewirr eines bizarren Polylepis-Waldstückes. Diese kleinen bis mittelgroßen Bäume mit ihren rötlichen, schuppigen Rinden gibt es nur in den südamerikanischen Anden. Sie können in kaltem Klima gedeihen, weil die abblätternde Rinde durch eingeschlossene Luft einen schützenden Isolationseffekt bewirkt. Auf dem von herabgefallenen Borkenstücken bedeckten Boden ging es sich weich wie auf einem flauschigen Teppich. Moose, Pilze, Sträucher und Epiphyten[42] bereicherten die Pflanzenwelt.

Übrigens zählt der Park nicht zum Weltkulturerbe der UNESCO, weil er von einer Straße durchschnitten wird, die eine für das Land wichtige zweite Verbindung zwischen dem Hochland und dem Süden darstellt. Dadurch werden die strengen Kriterien der UNESCO nicht erfüllt, um dem Gebieten die begehrte Auszeichnung zu verleihen. Ich war hin und her gerissen, ob ich der Logik der UNESCO folgen sollte: Einerseits sind konsequent angewandte Kriterien richtig, um eine derart hochrangige Auszeichnung zu verleihen, andererseits ist dieser in seiner Ursprünglichkeit erhaltene Nationalpark absolut schützenswert und in jedem Fall das wichtige UNESCO-Siegel wert.

---

[42] Das sind Pflanzen, die auf anderen Pflanzen wachsen.

Richtung Küste

Eintauchen in die Wärme

Die Fahrt aus der Höhe der Berge in Richtung Küste war äußerst stimmungsvoll, weil sich die Szenerie ständig veränderte. Eine kleine Schilderung mag einen Eindruck vermitteln: Wie Dämpfe bewegten sich die Wolken in einem Talkessel, über dem ein strahlend blauer Himmel schien. Bergspitzen ragten hier und da aus den Wolken- und Dunstschleiern heraus. Dann durchfuhr unser Bus Wolkenwände, die geradezu auf der Straße zu liegen schienen. Durch sie stachen Sonnenstrahlen wie Kegel von Scheinwerfern, die gelegentlich grüne Hänge bestrahlten. Kurz darauf türmten sich Wolkenkaskaden im Gegenlicht auf, bevor die Sonne auf einem völlig wolkenfreien Abschnitt stark blendete. Plötzlich versperrten wieder dichte Wolkenwände jede Aussicht. Talwärts wurde es jetzt immer dunkler, weil wir mit unserem Bus erneut in Täler eintauchten, die wie mit Wolken gefüllte Kelche vor uns lagen. Je tiefer wir gelangten, je mehr wir uns der Küste näherten, desto spürbarer stiegen die Temperaturen. Über die Straße quollen erneut weitere Wolken- und Dunstschleier, zwischen denen an den Rändern die Silhouetten von sonnenbeschienenen Bäumen in flirrendem Licht auftauchten. Dann wurde die Straße schlechter und der Staub von Baustellen mischte sich in das Grau der Wolken. Nochmals umhüllte Nebel die Palmen am Straßenrand wie Kokons, bevor die Sicht endgültig klarer wurde und die Temperaturen auf geschätzte 27 Grad gestiegen waren.

Wir hatten das tropische Tiefland erreicht, das rund ein Viertel der Landesfläche bedeckt und durchschnittlich eine Breite von einhundert Kilometern aufweist. Durchzogen wird die Region von einer bis zu sechshundert Meter hohen Küstenkordillere, die die Ebene in zwei Sektionen teilt. Die hatten wir überquert und näherten uns jetzt der westlich gelegenen maritimen Zone.

Seit in den 1940er Jahren die höchst umstrittene US-amerikanische United Fruit Company damit begonnen hatte, Bananen im großen Stil anzubauen, entwickelte sich Ecuador bis heute zum Exportweltmeister dieser Frucht[43]. Gegenwärtig sind rund 250.000 Ecuadorianer oder 14 % der Erwerbstätigen vom Bananenanbau direkt oder indirekt abhängig[44]. Wir passierten riesige Bananenplantagen, die in dieser Gegend eine Fläche von circa 30.000 Hekar bedecken und deren nahezu gesamte Produktion für den Export bestimmt ist. In den letzten Jahren gab es allerdings große Probleme, weil die EU nicht mit der Qualität der Bananen zufrieden war. Angeblich stimmten weder deren Farbe noch die Dicke der Schalen[45]. Natürlich zogen Plantagenbetreiber die entsprechenden Konsequenzen daraus und seitdem wird, um den Anforderungen zu genügen, auf Teufel komm raus gespritzt und, weil eine „richtige" Banane krumm zu sein hat[46] – so will es jedenfalls der europäische Verbraucher – mit aus Plastik geformten Spiralen gebogen, bis deren Vorstellungen und die teilweise absurden EU-Normen erfüllt sind. Man mag sich fragen, welcher Sinn hinter diesen steckt, und ich habe große Zweifel, ob dabei Gesichtspunkte eine Rolle spielen, die wirklich dem Wohl der Verbraucher, der Arbeiter auf den Plantagen oder der Umwelt dienen. Dass Qualität eher etwas mit Geschmack und Reinheit zu tun haben könnte und vorrangig nicht mit Form, Farbe, Länge und Dicke der Banane, scheint den EU-Entscheidern darüber hinaus fremd zu sein. Glauben Sie mir, liebe Leserin und lieber Leser, Bananen können eine Köstlichkeit sein, wenn sie nach anderen als den EU-Richtlinien angebaut werden! Hier in Ecuador bieten sich jedem Reisenden beste Gelegenheiten an, den Beweis dafür selbst durchzuführen. Wählen Sie unter den über einhundert verschiedenen Sorten aus und probieren Sie! Mir haben die etwas mehr als fingerlangen, meist von einer nur dünnen Schale umhüllten am besten geschmeckt. Bei derart intensivem, köstlichem Bananenaroma vergessen Sie automatisch das oft Mehlige und Fade der bei uns erhältlichen Bananen!

---

[43] Jährlich werden – abhängig vom jeweiligen Ernteertrag – mehr als vier Millionen Tonnen exportiert.
[44] Vergleiche taz.de: „Süße Plackerei" vom 9.6.2006.
[45] Bananen müssen laut EU-Verordnung eine Mindestlänge von 14 Zentimetern und eine Mindestdicke von 27 Millimetern aufweisen.
Andere Kriterien dienen dazu, Bananen in verschiedene Handelsklassen einzuteilen.
[46] Es stimmt nicht, dass die EU-Verordnung den Krümmungsgrad der Bananen vorschreibt.

Ganze Familien, auch Kinder, arbeiten in den Bananenplantagen bei niedrigem Verdienst und schlechten Arbeitsbedingungen. Außerdem droht ihnen Gefahr durch Skorpione und Schlangen. Den Profit streichen andere ein, aber was sollen die Leute machen? Es werden immer vier Reihen Bäume gepflanzt, dann folgt ein großer Kanal, weil die Bananen viel Wasser brauchen. Außerdem kann so noch besser gespritzt werden. Für den Eigenbedarf werden dagegen Extraplantagen nach ganz anderen Kriterien angelegt.

Des Weiteren gibt es in der Region, neben dem Anbau von Reis und Zuckerrohr, riesengroße Plantagen für Kakao. Früher trockneten und malten die Familien die Bohnen und produzierten den Kakao selber. Heute werden die noch unbearbeiteten Bohnen meistens in die Schweiz exportiert. Dort wird nicht nur die Frucht zu Schokolade, sondern es werden außerdem die Schalen zu Lotionen, Salben, Shampoo, Seife und so weiter verarbeitet. Negative Konsequenz: Viele Arbeitsplätze der Einheimischen sind weggefallen, sie sind sozusagen mit den Kakaobohnen exportiert worden. Für die Ecuadorianer blieben nur die harten, schlecht bezahlten Jobs auf den Plantagen übrig. Außerdem werden in dieser Region diverse Früchte wie Mangos, Orangen, Melonen, Papayas und Maracujas angebaut, jedoch werden auch diese Produkte weitgehend – oft schon zu Saft verarbeitet – exportiert. Charakteristisch für die Region sind außerdem Balserholz- und Mahagonibäume sowie viele große Akazien.

Im Churute Nationalpark

Bevor unsere kleine Wanderung durch den Nationalpark Reserva Ecologia Manglares Churute, wie er mit vollständigem Namen heißt, begann, präparierten sich alle mit No Bite, Autan oder auch mit in Wasser aufgelöstem Rattengift, in das die Textilien getränkt wurden. Letzteres hört sich unappetitlich an, gilt aber als wirksamster Schutz gegen Moskitostiche.

Gleich zu Beginn unseres Rundgangs durch den kleinen feuchten Tropenwald, der typisch für die ursprüngliche Küstenregion ist, begrüßte uns ein enormes Zikaden-Gezirpe. Leider schienen aber auch angriffslustige Moskitos geradezu auf frische Nahrung gewartet zu haben. Trotz unserer Vorsorge blieb der eine oder andere Stich unvermeidlich, doch Malaria übertragende Mücken stechen eigentlich nur nachts, sodass außer lästigem Jucken nichts zu befürchten war. Während der momentanen Trockenzeit gebe es vergleichsweise wenig Grün, erklärte uns der einheimische Führer, weshalb auch die teilweise von sehr alten Würgefeigen und verschiedensten Palmenarten gesäumten Pfade ausgetrocknet und somit gut begehbar waren. In einem längst erstorbenen, ausgehöhlten Baum hing eine Unzahl von Fledermäusen, die sich von oder für ihre nächtlichen Aktivitäten ausruhten. Ein riesengroßer blauer Schmetterling namens Morpho Menelaus flatterte vorbei, ein Nasenbär kreuzte unseren Weg und Brüllaffen hingen in den Bäumen oder turnten von Ast zu Ast.

Flussfahrt entlang von Mangrovenwäldern

Bis Anfang der 1980er Jahre wurde die Küste Ecuadors von über 300.000 Hektar großen, intakten Mangrovenwäldern[47] gesäumt und geschützt. Dann sahen US-Amerikaner, Europäer und vor allem Japaner glänzende Chancen, hier die Züchtung von Garnelen (*gambas*) anzusiedeln. „Die Bewohner der Küstengebiete in der Provinz Esmeraldas haben gelacht – und für ein paar Dollars ihr Geschäft gemacht. Was sollte man schon mit dem unwegsamen Wurzeldschungel anfangen?"[48] Internationale Firmen schlossen entsprechende Verträge mit den Leuten und der Regierung, Gesellschaften wurden gegründet und schon bald begann man im großen Stil, Mangrovenwälder abzuholzen, um große Becken anzulegen, in denen die Garnelen „angepflanzt" werden konnten. Das funktioniert nach Vibeka in etwa so: „Die Larven der Garnelen werden in die Erde gesteckt und bekommen

---

[47] Mangrovenwälder bestehen aus Bäumen und Sträuchern verschiedener Pflanzenfamilien, die sich an die Lebensbedingungen der Meeresküsten und brackigen Flussmündungen angepasst haben. Das Wurzelwerk der Mangrovenbäume und das sich zwischen den Wurzeln sammelnde Sediment sind Lebensraum zahlreicher Organismen; Mangroven sind wichtige Laich- und Aufwuchsgebiete für Fische, Krebse und Garnelen und zählen zu den produktivsten Ökosystemen der Erde. Sehr wichtig ist auch die Bedeutung der Mangrovenwälder als Schutz gegen Küstenerosionen, wie sie durch Flutwellen entstehen. (Quelle: Wikipedia).
[48] Vgl. „Abholzen für Shrimps" in: taz.de vom 20.10.2008.

Hormone, alle möglichen Chemikalien, das Wasser wird raus und rein gepumpt. Nach drei Monaten sind die Garnelen so schön dick, dass sie sehr profitabel exportiert werden können. Na, dann guten Appetit!"

Und die Konsequenzen? Mit dem Verschwinden der Mangrovenwälder reduzierten sich auch die Bestände an Krebsen, Austern und Miesmuscheln, die von den Einheimischen gesammelt und in den Städten verkauft wurden. Seit die Erträge immer weiter zurückgingen, zogen viele in die Städte, um dort Arbeit zu finden. Ähnlich erging es arbeitslos gewordenen Fischern.

Als El Niño 1997/98 wütete, boten die mittlerweile bis auf 151.000 Hektar abgeholzten Mangrovenwälder[49] kaum noch Schutz und es kam zu verheerenden Überschwemmungen, unter denen wie immer vor allem die arme, an der Küste lebende Bevölkerung zu leiden hatte. Aber auch die Garnelenzucht-Industrie erlitt im Jahr 1999 einen herben Rückschlag durch die „White Spot"-Virus-Erkrankung der Tiere, durch die bis zu 70 % der Populationen vernichtet wurde. Heute gehört Ecuador wieder zu den größten Garnelen-Exporteuren der Welt.

Wir liefen auf einem langen Holzsteg zu einer Anlegestelle für Boote, mit denen einheimische Männer die von ihnen gesammelten Krebse transportieren. Diese Männer gehören nicht zu den großen Konzernen, sondern arbeiten noch immer selbstständig auf der Suche nach frei lebenden Tieren. Das

---

[49] Vgl. „Abholzen für Shrimps" in: taz.de vom 20.10.2008.

ist eine beinharte Arbeit, bei der sie oft bis zum Oberkörper im Schlamm stehen müssen. Socken werden als Handschuhe benutzt, aber dennoch haben die Sammler völlig kaputte Hände von den scharfen Scheren. Die Krebse werden für drei Dollar pro Stück auf dem Markt verkauft, und Vibeka sagte, seit sie wisse, wie hart die Arbeit sei, versuche sie gar nicht mehr, den Preis herunterzuhandeln. Gerade kam ein Boot an. Die Männer stiegen aus und schulterten die Gebinde mit den Krebsen, die umgehend zu den Märkten der Städte transportiert werden, damit die Ware fangfrisch angeboten werden kann.

Viele Kormorane, Eisvögel und Reiher saßen im Geäst der Bäume, staksten im Ufergebüsch herum oder flatterten an unserem Boot vorbei, und sogar ein Fischadler kreiste hoch über den Baumwipfeln. Eine heile Natur mit wunderschönen Bildern, hätte man meinen können, aber durch das Wissen um die oben geschilderten Hintergründe wurde der Naturgenuss nicht nur getrübt, sondern ich hatte ein bisschen das ungute Gefühl, durch eine Kulisse zu gleiten, die Unheilvolles kaschiert.

Guayaquil

Auch wenn es morgens an der Küste meistens ein bisschen bewölkt und feucht ist, so scheint ab etwa zehn Uhr verlässlich die Sonne. Hier ist das Wetter immer schön, die Luftfeuchtigkeit liegt bei 72 % und Temperaturen zwischen 28 und 40 Grad sind normal. Dementsprechend sind auch die Leute dieser Region laut Vibeka ganz anders. Deren Mentalität sei offen und temperamentvoll, sie redeten laut, lachten gern und viel und liebten die Musik, vorzugsweise ebenfalls laute. Die Menschen seien freier, offener, nicht so konservativ wie im Hochland.

Als wir Guayaquil erreichten, fiel der Kontrast zu dem von kolonialem Stil geprägten Cuenca oder der Altstadt von Quito markant ins Auge, denn Guayaquil ist eine moderne Großstadt von nahezu vier Millionen Einwohnern. Sie ist das Wirtschafts- und Finanzzentrum des Landes, dessen Stadtbild von einer Hochhaus-Architektur im Stil

US-amerikanischer Städte geprägt ist – allerdings von eher einfachem, um nicht zu sagen weitgehend „billigem" Format. Dennoch gilt die Stadt als reich, weil sich die Wohlhabenden bevorzugt hier niederlassen. Deren Häuser verfügen über große Balkone und Fenster, damit die Räume bei der oft enormen Hitze gut belüftet werden können. Aber es gibt neben den Villen der Reichen und den das Stadtbild prägenden Hochhausschluchten besonders in den Außenbezirken auch viele sehr einfache Behausungen aus Bambus, die die große Arbeitslosigkeit in der Stadt widerspiegeln, denn die vielen ausländischen Firmen, die hier Niederlassungen unterhalten und Investitionen vorgenommen haben, bringen für die anspruchsvollereren Jobs weitgehend ihre eigenen Leute mit.

Es herrschten 35 Grad. Wie schon in Cuenca hatte Gonzalito vor dem Hotel auch hier Parkprobleme, allerdings war es jetzt kein Halteverbot, sondern schlicht und einfach fehlender Platz, um den Bus zu parken. Doch ein zahnloser älterer Herr, den unser Fahrer durch seine vielen Aufenthalte gut zu kennen schien und der offensichtlich zum Hotel gehörte, schob einfach ein paar der parkenden Autos aufeinander, bis eine passend große Lücke für unser Gefährt entstanden war.

Die Stadt selbst ist für den besichtigungshungrigen Touristen eher unattraktiv, weil es nur wenige historische Sehenswürdigkeiten gibt, und wer wie wir vor allem wegen der Natur nach Ecuador gereist ist, verspürt schnell den Wunsch, Guayaquil sofort wieder verlassen zu wollen. Aber wenn es Sie vielleicht auch nicht verlockt, in einem der recht schönen Parks zu verweilen, wenn Sie keine Lust haben, in einer der Malls zu shoppen und wenn Ihnen auch nicht der Sinn nach Besichtigung von Denkmälern oder Museen steht, dann versäumen Sie es dennoch nicht, den Malecón Simón Bolívar entlang zu flanieren. Auf dieser Promenade am Ufer des Río Guayas spazieren zu gehen, ist nicht nur wegen des karibischen Klimas reizvoll, sondern hier begegnen Sie einer wahrhaft multiethnisch zusammengesetzten Bevölkerung. Menschen indigenen, europäischen, asiatischen oder afrikanischen Ursprungs sowie Vermischungen zwischen ihnen in unterschiedlichsten Graduierungen sorgen für eine kaum überbietbare Vielfalt an Schattierungen und Tönungen der Hautfarben.

Wie mir versichert wurde, spielen Diskriminierungen aufgrund der Hautfarbe in Ecuador eine immer geringer werdende Rolle. Vielmehr habe sich besonders in den letzten vielleicht zwanzig Jahren eine von der Herkunft unabhängige nationale Identität herausgebildet, die die Vielfalt der Ethnien und deren Vermischungen nicht nur akzeptiert, sondern als landestypisch ansieht. Jedenfalls scheint jene Phase, in der die indianische Urbevölkerung diskriminiert wurde, endgültig überwunden zu sein. Stimmt diese Annahme, wäre das ein positives Beispiel dafür, wie nicht nur ein Zusammenleben, sondern sogar ein Zusammenwachsen von Menschen verschiedenster Herkunft möglich ist.

Verweilen Sie auf einer Bank in einer der in die Uferpromenade integrierten Parkanlagen, schauen Sie herumtollenden Kindern, händchenhaltenden Liebespaaren und fliegenden Händlern bei ihren kleinen Geschäften zu oder besuchen Sie, wie wir am Abend, eines der Restaurants, von deren Terrassen man tagsüber schöne Ausblicke über den Fluss hat.

Wir bestellten Speisen und Getränke, und dabei wunderte ich mich über den Namen des im Land überall erhältlichen Mineralwassers, nämlich „Güitig". „Klingt doch überhaupt nicht Spanisch?", fragte ich Vibeka, und sie erzählte, dass das Wasser in den 1940er Jahren einmal nach Deutschland geschickt worden sei, um gewisse Qualitätsanforderungen prüfen zu lassen. Zurück seien die Papiere mit einem Stempel „Gültig" gekommen, was den Leuten so gut gefallen habe, dass sie dem Wasser dann den etwas verballhornten Namen gaben. Vielleicht sei das Wort aber auch falsch

Vibeka und Gonzalito

gelesen worden, vielleicht habe fehlende Stempeltinte aus dem „l" ein „i" werden lassen, wer könne das heute noch wissen, fagte sie lächelnd in die Runde.

Irgendwie ist das Wort beziehungsweise seine verstümmelte Variante jedenfalls zum Produktnamen geworden, egal, welcher Grund dafür gesorgt haben mag. Wichtiger ist, dass das vom Cotopaxi gespeiste Quellwasser gut schmeckt und sich bestens für Mixgetränke verwenden lässt. Ansonsten war das Essen an der Promenade von plärrenden Fernsehern begleitet und ziemlich teuer. Da es dunkel war, konnte man auch kaum von einem schönen Blick auf den Río Guayas sprechen. Aber es herrschte ein schönes, mildes, feuchtwarmes, eben karibisches Klima.

Am nächsten Tag besuchten wir den nahe der Stadt gelegenen Parque Histórico. Der ist eine Art Freilichtmuseum, das aus drei Sektionen besteht. In einem Zoo werden heimische, vor allem vom Aussterben bedrohte Tiere in wie Mangroven anmutenden Käfigen präsentiert, die von vielfältigen, landestypischen Pflanzen umwachsen sind. Im Nachbau einer Hacienda kann man sich einen Eindruck davon verschaffen, wie hochherrschaftlich Großgrundbesitzer in der Blütezeit des Kakaoexportes lebten, und eine weitere Abteilung besteht aus zweistöckigen Holzhäusern, die zeigen, wie die Bebauung entlang des Malecón, also der Uferpromenade, im 19. Jahrhundert ausgesehen hat. An zahlreichen Verkaufsständen wurden Kleinigkeiten zum Essen und Trinken angeboten, und es lässt sich überall ein lauschiges Plätzchen zum Ausruhen und Genießen finden. Der Park hat eine schöne und entspannte Atmosphäre, aber ein touristisches Muss ist er nicht.

Erholung am Strand

Den schönen, erholsamen Abschluss eines Ecuador-Urlaubs kann ein Aufenthalt am Strand bilden. Wir verbrachten zwei Tage in einem Ressort unweit von Playas de Villamil. Das ist kein eigentlich erwähnenswerter Ort, sondern einer von vielen, die an der Pazifikküste vor allem vom Tourismus leben. Die Strände sind breit und weit, das warme Wasser mit seinen kräftigen Wellen lädt wahrhaft zum Baden ein. Wer das Strandleben liebt, wird hier auf seine Kosten kommen. Für wenig Geld kann man Liegestühle unter Sonnenschirmen mieten, vielerorts werden Speisen und Getränke angeboten und wer es etwas einsamer bevorzugt, der findet ein wenig abseits sein ruhiges Plätzchen.

Frühmorgens, wenn niemand außer ein paar Frühaufstehern auf den Beinen ist, genieße ich ein Bad im Meer am liebsten. Auf dem Weg zum Strand rauschte mir das Wellengetöse förmlich entgegen, und an dem menschenleeren Strand fühlte ich mich ein bisschen wie Robinson Crusoe auf seiner verlassenen Insel. Das ganze Meer lag wie ein Geschenk vor mir, und wenn auch die erste Wasserberührung immer

etwas kälter als erwartet ausfällt, so ist das anschließende Eintauchen in die Wellen von unbeschreiblicher Köstlichkeit.

Nach dem Bad setzte ich mich auf einen irgendwann angelandeten, ausgebleichten, von Sonne und Wind gehärteten Baumstamm und schaute dem ewigen Meereswogen zu. Das und das soeben genossene Bad im Meer inspirierten mich zu folgendem Gedicht:

Wasserspiel

Wie die Welle mit mir spielt -
Meerwasser mich umspült
sich geschmeidigweich anfühlt
erfrischt und perlt und kühlt

- so spiel' ich mit der Welle:
Tauch' vom Meeresdunkel auf in Sonnenhelle
vom Wogenkamm hinab in eine Wellendelle
treibe schon zur nächsten Wasserschnelle

Selbstvergessen eingefangen
vom Wasser ganz empfangen
gleite wie nur Wasserschlangen
in Wassersonnenluft gebettet
und verfangen

Auf einem vormittäglichen Spaziergang liefen wir den Strand in Richtung Villamil entlang. Je näher das Städtchen rückte, desto dichter gedrängt lagen und lagerten die Sonnenhungrigen. Es war Sonntag, und dementsprechend nutzten viele Einheimische den Tag für einen Kurzurlaub. Die Männer hockten meist mit einer Bierdose in der Hand beisammen, die Frauen klönten, die Kinder spielten im Sand. Es wehte ein kräftiger Wind, der die Hitze erträglich machte, aber auch dafür sorgte, dass uns später ein Sonnenbrand im Nacken und auf den Waden quälen sollte. In den Straßen von Villamil war es sehr heiß. Wir erledigten Telefonate, besuchten mit Achim und Susanne, zwei

Reisegefährten, ein Restaurant mit Meerblick, die Frauen schauten sich ein wenig in den unzähligen Souvenirbuden um, und das war's auch schon, was der Ort zu bieten hat.

Nach dem Abendessen entwickelte sich ein sehr persönliches Gespräch mit Gonzalito, unserem Fahrer, der leider weder Deutsch noch Englisch sprach. Anfangs fiel es mir schwer, mit meinen begrenzten Spanischkenntnissen eine Konversation in Gang zu bringen. Aber nach dem zweiten Caipirinha fielen mir Wörter ein, von denen ich nicht einmal wusste, dass ich sie vergessen hatte. Das Gespräch wurde intensiver, ernster und die Themen brachten es mit sich, dass alles auch entsprechend differenzierter und komplizierter wurde, sodass ich beim Übersetzen manchmal den Sinn mehr ahnte als verstand.

Gonzalito hatte sich vor ein paar Tagen auf dem Weg nach Guayaquil verfahren, was ihn immer noch untröstlich machte. Das hatte uns schon Vibeka erzählt, aber ich konnte es nicht recht glauben, weil sich niemand beschwert hatte und außer einem gewissen Zeitverlust kein Schaden entstanden und noch nicht einmal irgendeine Ungeduld unter den Reisenden spürbar geworden war. Aber unser Fahrer war tatsächlich auch jetzt noch ganz geknickt. Da halfen auch Elkes gut gemeinte Versuche nichts, ihn wieder aufzurichten. Tanja, eine Mitreisende, sagte mit entspanntem Lächeln, sie habe die ungeplanten Umwege sogar sehr interessant gefunden, denn auf diese Weise hätten wir ja Gegenden durchfahren, die wir sonst nie zu sehen bekommen hätten. Ich ergänzte noch, dass Fehler schließlich immer und jedem einmal passieren könnten, aber Gonzalito verharrte in seiner Traurigkeit. Er sei verantwortlich für uns, er sei der Fahrer, von dem man erwarten können müsse, dass er die Strecken wie seine Westentasche kenne, da sei es unverzeihlich und so weiter. Er habe sich ganz furchtbar schlecht gefühlt, aber als er einen Moment lang gar nicht mehr gewusst habe, wo er gewesen sei und wohin er fahren solle, da habe ihm sein Glaube geholfen. Auch der Geist und die Kraft seiner Eltern und seiner Geschwister – ebenso der Verwandten – und er habe gewusst, dass alles ein gutes Ende nehmen würde. Ich fragte ihn, ob er wirklich an Geister glaube. Er sah mich an, als verstehe er nicht, wie ich ihm eine derartige Frage überhaupt stellen konnte. Und dann bekräftigte er, dass er nicht etwa glaube, sondern vielmehr wisse, dass es eine große Zahl von Geistern gebe, die das Leben eines jeden beeinflussten, es bedrohen, herausfordern aber auch beschützt könnten. Und natürlich weile der Geist der Verstorbenen unter uns, das spüre er immer und überall, vor allem in kritischen Situationen wie der, als er nach dem richtigen Weg gesucht habe.

Auf unserer Reise hatten wir viele verschiedene Landschaftsformen, Klimazonen, Pflanzen, Tiere und Städte in Ecuador gesehen, aber um seine Menschen zu verstehen, das verdeutlichte mir dieses Gespräch mit Gonzalito, braucht es sehr viel mehr Zeit und viele Reisen – durch dieses Land und durch Lateinamerika überhaupt.

Schlussbetrachtung: Warum wandern?

In meiner Jugendzeit, also in den 1960er Jahren, war das Wandern – vor allem für uns Jungs[50] – völlig out. Es lag unserem Lebensgefühl in etwa so fern wie die Musik unserer Eltern, die noch immer für Hans Albers und Zarah Leander schwärmten. Wandern war für mich ein langweiliges „Herumgelatsche" ohne erkennbaren Sinn, und meine Ablehnung wurde noch befeuert durch begleitende Umstände, die mir widerlich waren: Man sollte zum Beispiel „zünftig" gekleidet sein, was bedeutete, in dicken Wanderstiefeln und mit kurzer Lederhose (ja, genau die mit dem Hirschen auf der Querstrebe zwischen den Hosenträgern) zu erscheinen. Wir sollten die Natur genießen, ohne zu wissen, was es da denn zu genießen gäbe. Wir mussten „fröhliche" Lieder singen, und überhaupt sollten wir durch das Wandern – so mein nie widerlegter Verdacht – zu besseren Menschen erzogen werden. Mir hat sich die Kausalität dieses pädagogischen Ansinnens damals überhaupt nicht erschlossen, und die Lehrer ordneten an, sonst nichts.

In einer Zeit, in der Beatles und Rolling Stones, Jimi Hendrix, Pink Floyd und die Doors Trips ganz anderer Art proklamierten und unseren Herzrhythmus bestimmten, sollten wir Lieder aus der Mundorgel[51] wie „Wem Gott will rechte Gunst erweisen" oder „Jetzt fahr'n wir über'n See" trällern. Als die später als 68er-Generation titulierte Jugend mit ganz neuen kritischen Fragen, vielleicht etwas zu arroganter Attitüde und provozierendem Selbstbewusstsein gegen den Vietnamkrieg protestierte, die bestehenden bürgerlichen Werte infrage stellte und nach Verstrickungen von Eltern, Lehrern und Regierenden in das NS-Regime fragte, sollten wir immer noch auf den halbjährlich zelebrierten Wandertagen unserer Schule einer Naturromantik huldigen, die mit unserer damaligen Wirklichkeit keinerlei Berührungspunkte hatte. Natürlich hatten wir darüber hinaus keine Ahnung von den viel-

---

[50] Was die Mädchen betrifft, war ich mir da nicht ganz so sicher, denn die sangen gern, und beim Wandern taten sie das oft und augenscheinlich mit Freude.
Allerdings fingen sie an zu maulen, wenn Wanderungen anstrengend zu werden drohten.
[51] „Die Mundorgel" ist ein kleines Büchlein, das erstmals 1953 erschien.
Darin wurden und werden bis heute (allerdings in einer deutlich veränderten Zusammenstellung) Lieder zum Singen auf Wanderfahrten und in Zeltlagern zusammengestellt.

fältigen erzieherischen Zielen, die seit jeher mit dem Wandern verbunden wurden, aber statt Erklärungen lieferten die Lehrer nur Anweisungen, Ermahnungen und Appelle. Und wer von den Schülern seine Unlust und seinen Unmut zum Ausdruck brachte, dem wurden moralische Mängel attestiert, die mit Bestrafungen ausgetrieben werden sollten. Um es kurz zu machen: Nie im Leben wäre ich damals auf die Idee gekommen, freiwillig zu wandern, geschweige denn eine Wanderreise zu machen, und es sollte ja auch etwa vierzig Jahre dauern, bis ich die in diesem Buch beschriebene Reise nach Ecuador unternommen habe.

Nun bin ich ein durchaus sportlicher Mensch, der jede Art von Ballspielen liebt, gerne schwimmt, Ski oder Rad fährt, auch joggt – aber wandern? Ich gehe gerne spazieren, es lässt sich dabei gut plaudern oder man kann seinen Gedanken nachhängen, zudem ist es gesund, weil man sich an der frischen Luft bewegt. Wo liegt der Unterschied zum Wandern? Es ist wohl der etwas sportlichere Aspekt, die Betonung liegt auf der körperlichen Anstrengung, die Bewegung steht im Mittelpunkt des Tuns. Andererseits ist das Wandern vom sogenannten Trekking abzugrenzen, bei dem es um deutlich anspruchsvollere sportliche Leistungen geht, meistens auch um das Erreichen eines ambitionierteren Ziels. Eine Wanderung liegt also grob gesagt nach Länge, Anspruch und Anstrengung in der Mitte zwischen einem Spaziergang und dem Trekking. Nach meiner Vorstellung umfasst eine Wanderung eine Tagesleistung von rund zehn bis zwanzig Kilometern in der Ebene oder um die sechs Stunden pro Tag. Natürlich spielen das Geländeprofil, die zu überwindenden Höhenmeter, die Höhe, in der gewandert wird, das zu tragende Gepäck und die Temperaturen eine Rolle. So gut wie alle Reiseunternehmer, die Wanderreisen anbieten, haben die sportlichen Ansprüche, die an die Teilnehmer gestellt werden, klassifiziert, sodass jeder Interessent einschätzen kann, ob er sich den Anforderungen gewachsen fühlt.

Wer sich zu einer Wanderreise entschlossen hat, der weiß in der Regel, was er davon erwartet. Für mich persönlich ist das Wandern auch zu einer Art von Besinnung oder Rückbesinnung geworden. Es ist in einer sich immer schneller beschleunigenden Zeit eine bewusste Entschleunigung. Wandern ist schließlich die langsamste mögliche Fortbewegungsart, und sie zu wählen bedeutet, einen bewussten Kontrapunkt zu setzen. Dass es sich dabei nicht um eine generelle Resignation vor der Modernität handelt, wird schon dadurch klar, dass auch sehr junge Leute, die dem Tempo der Zeit sehr wohl gewachsen sind und die die Modernität in ihren Berufen aktiv (und gern!) vorantreiben, in ihrer Freizeit wandern. Wandern ist längst herausgekommen aus der Ecke einer gestrigen, volkstümelnden, im schlechtesten Sinne des Wortes „typisch deutschen" Freizeitbeschäftigung oder „körperlichen Ertüchtigung", wie es früher hieß. Heute erfreut sich das Wandern international und über die Generationen hinweg einer immer größer werdenden Beliebtheit, und es ist die spezifische Kombination von gesundem Sport[52], Natur- und Gemeinschaftserlebnis und Selbsterfahrung, mit der eine wohltuende Distanz zum Alltag geschaffen werden kann.

Ich will meine Überlegungen an dieser Stelle begrenzen, aber jeder, der einmal nach einer Wanderung erschöpft (nicht kaputt!) unter der Dusche gestanden, ein gutes Essen genossen und sich anschließend wohlig in sein Bett gelegt hat, der weiß, wie sehr damit Gefühle von innerer Ruhe und tiefer Zufriedenheit bewirkt werden. Was kann man von einer Reise mehr erwarten? Und erst recht, wenn eine so wunderbare Natur wie die in Ecuador das Gebiet ist, in dem gewandert wird. „Wanderungen im Zauber der Natur" – der Titel dieses Buches kam mir in den Sinn, als ich auf einer unserer Wanderung irgendwo stehen blieb, staunend um mich blickte und angesichts der wunderbaren Bergwelt einfach nur ein paar Minuten innehielt.

---

[52] Wandern hat sich „als geradezu ideales Breitbandtonikum für die Vorbeugung und Therapie fast aller Zivilisationskrankheiten (erwiesen), wobei sich die physischen, psychischen und mentalen Wirkungen der Bewegung einerseits und des Naturkontaktes andererseits wechselseitig verstärken." (Quelle: wanderforschung.de)

Praktische Hinweise

Aktuelle Informationen
Um sich über die aktuelle Lage in Ecuador zu informieren, ist es nützlich und verlässlich, die Homepage des Auswärtigen Amtes im Internet unter: www.auswaertiges-amt.de/Ecuador aufzurufen. Einreisebestimmungen, Sicherheitslage und generelle Informationen werden dort aufgeführt.

Einreisebestimmungen für deutsche Staatsangehörige
Für touristische Reisen von bis zu neunzig Tagen benötigen Staatsbürger der EU, der Schweiz und der Türkei einen noch mindestens sechs Monate gültigen Reisepass, aber kein Visum. Auch Kinder benötigen einen eigenen Reisepass. Wer länger als 90 Tage in Ecuador bleiben möchte, benötigt ein Visum.

Elektrizität
Meistens Wechselstrom mit 110 Volt. Fön und Rasierapparat müssen also umgestellt werden. Nehmen Sie besser einen Universaladapter mit, der in Deutschland in Elektrofachgeschäften erhältlich ist.

In besseren Hotels beträgt die Netzspannung hingegen oft wie bei uns 220 Volt, jedoch haben die Stecker in der Regel dann dünnere Kontaktstifte. Ein entsprechender Adapter ist erforderlich.

Fotografieren
Militärische Anlagen und Polizeistationen dürfen nicht fotografiert werden. Seien Sie diskret beim Aufnehmen der Menschen. Im Zweifelsfall immer vorher fragen, das gilt vor allem für Trachten tragende Indígenas, aber auch für die Menschen zum Beispiel auf Märkten. Manchmal wird ein kleines Trinkgeld erwartet, manchmal wird dem Fotografen der Rücken zugekehrt.

Geld und Währung
Seit 2000 ist der US-Dollar das offizielle Zahlungsmittel in Ecuador. Es empfiehlt sich, eine ausreichende Menge vor allem kleinerer Dol-

lar-Noten mitzunehmen. Ansonsten kann man überall Geld per Kreditkarte über Geldautomaten erhalten. Kreditkarten sind als Zahlungsmittel in Hotels, Restaurants und Shopping-Malls weit verbreitet, allerdings müssen Aufschläge akzeptiert werden.

Kleidung und Ausrüstung
Wie auch unter dem Stichwort „Klima" erwähnt, sollte Kleidung für alle Temperaturen zwischen 0 und 30 Grad mitgeführt werden, wenn in den verschiedenen Klimazonen Ecuadors gewandert wird. Sehr nützlich ist Funktionsunterwäsche, die man in jedem guten Sportgeschäft und Ausrüster für Outdoor-Sport findet. Gute, eingetragene Wanderstiefel, dazu entsprechende Socken sind selbstverständlich. Mütze, Handschuhe, eine windabweisende Jacke und ein Tagesrucksack sollten unbedingt mitgenommen werden. Mir haben auch ein Paar Wanderstöcke sehr genützt. Sonnenschutzcreme mit einem hohen Lichtschutzfaktor und ein Anti-Mücken-Präparat dürfen nicht fehlen. Alles andere hängt von der Art der Reise, den zu bereisenden Gegenden und den persönlichen Bedürfnissen ab.

Klima
Ecuador ist ein tropisches Land, dessen Klima aber wegen der sehr unterschiedlichen Klimazonen stark variiert, nämlich vom äquatorial tropischen Regenwetter an den Küsten und in den Regenwäldern bis zum ewigen Schnee auf den hohen Gipfeln der Andenkette. In den Städten im Hochland schwanken die Temperaturen von 10 bis 22°C, in den Küstenstädten von 15 bis 30°C am Tag. Nachts kann es empfindlich abkühlen. Im Urwald ist es dagegen immer ziemlich gleichmäßig schwülwarm und gelegentlich gibt es heftige Regenschauer. Wer in allen Klimazonen wandern will, muss sich auf Temperaturen von um den Gefrierpunkt ab einer Höhe von 3000 Metern bis über 30°C in der Küstenregion einstellen.

Medizinische Hinweise
Es sind keine Impfungen vorgeschrieben, aber der Standard-Impfschutz sollte überprüft werden (Tetanus, Diphtherie, Polio, gegebenenfalls Hepatitis A und B, Typhus und Gelbfieber). Malariaprophylaxe gilt als nicht erforderlich. Für Wanderungen im

tropischen Regenwald sind Mückenschutzmittel ratsam. Da sich die Impfbestimmungen jederzeit ändern können, sollten Sie sich auf jeden Fall bei Ihrem Arzt, einem Tropen- oder Impfinstitut oder einem Gesundheitsamt über die aktuelle Situation informieren.

Zwei Problemfelder tauchen gelegentlich auf. Zum einen muss sich der in Quito ankommende Reisende zunächst an die Höhenluft gewöhnen. Es ist gut, sich anfangs Zeit für die Akklimatisierung zu gönnen. Das heißt, alles in Ruhe zu machen, Pausen einzulegen, Alkohol zu vermeiden und leichte Kost zu essen. Letzteres ist auch zu empfehlen, sollte man es mit Problem Numero zwei zu tun bekommen: Magen- und Darmbeschwerden. Dann sollte auch viel – vorzugsweise Tee – getrunken werden. Gegebenenfalls Imodium einnehmen, das Sie mitnehmen sollten.

Grundsätzlich gilt: Kein Leitungswasser trinken und keine Eiswürfel in Getränken akzeptieren. Außerdem sollten kein ungekochtes Gemüse, kein ungewaschener Salat und keine ungeschälten Früchte gegessen werden. Allerdings besteht kein Grund zu übergroßer Vorsicht, denn die Nahrungsmittel sind in aller Regel einwandfrei, besonders in den gängigen Hotels und Restaurants. Vor der Sonne sollte man sich immer schützen. Benutzen Sie Sonnencreme mit hohem Lichtschutzfaktor und tragen Sie tagsüber eine Mütze oder einen Hut.

Sicherheit
Ecuador gilt im Vergleich zu seinen Nachbarländern als ziemlich sicher, aber vor allem auf Busbahnhöfen, Märkten und im Zentrum Quitos sollte man sich vor Taschendieben schützen. Angeblich ist oft mild lächelnden älteren Frauen nicht zu trauen, wenn sie Touristen mit diffusen Absichten ansprechen.

Sprache
Die Landessprache ist Spanisch, viele Indígenas sprechen Quichua. Spanischkenntnisse sind für den Reisenden sehr zu empfehlen, da nur wenige Leute Englisch oder gar Deutsch sprechen, wenn man einmal von denen absieht, die im Tourismus arbeiten.

Telefon
Überall gibt es kleine Läden, in denen man ausgesprochen billig nach

Europa telefonieren und im Internet surfen kann. Die Vorwahl nach Deutschland lautet 00 49, die nach Ecuador 00 593.

Trinkgeld
Der Erwartungshorizont liegt bei um die zehn Prozent. Wie immer bestimmen aber Ihre Zufriedenheit und Ihre Einschätzung die Höhe des Trinkgeldes.

Zeitverschiebung
Im Winter beträgt die Zeitdifferenz minus sechs Stunden, im Sommer minus sieben Stunden in Bezug auf die MEZ.

Land und Leute

Statistisches
Ecuador hat etwa vierzehn Millionen Einwohner, die auf einer Landesfläche von knapp 284.000 Quadratkilometern leben (zum Vergleich: Italien hat 301.000 Quadratkilometer, die Bundesrepublik Deutschland 357.000 Quadratkilometer). Man unterscheidet die zentrale Andenregion (Sierra), das östlich der ecuadorianischen Andenkette gelegene Amazonas-Tiefland (El Oriente) und den westlichen Küstenbereich (Costa). Eine Sonderstellung nehmen die etwa 1000 Kilometer entfernt liegenden Galapagos-Inseln ein, von denen in diesem Buch aber nicht berichtet wird. Ecuador gilt geografisch, klimatisch und ethnisch als eines der vielfältigsten Länder der Welt.

Bevölkerung
Es ist schwierig, die ethnische Zusammensetzung der ecuadorianischen Bevölkerung zu kategorisieren und zu beziffern (vgl. die Kapitel „Wanderung am Chimborazo" und „Guayaquil"). Seit der letzten Volkszählung 2001 gelten etwa 7 % als Indígenas, 78 % als Mestizen, 10 % als Mulatten, 3 % als Europäer und 2 % als Afroamerikaner. Aber diese Angaben basieren auf Selbsteinschätzungen der Befragten, da verwundert es nicht, dass es auch völlig andere Angaben gibt. So

beziffert eine andere Schätzung den Anteil der Indígenas und Mestizen mit jeweils 40 %, hinzu kommen 10 bis 15 % mit europäischer und 5 bis 10 % mit afroamerikanischer Abstammung. In Wirklichkeit ist es noch viel schwieriger, die Bevölkerungszusammensetzung zu klassifizieren, weil zahlreiche Mischungen der unterschiedlichen Ethnien zu berücksichtigen sind.

Bildung
Die meisten Kinder absolvieren eine Grundschule, aber die soziale Lage der Eltern entscheidet weitgehend über Dauer und Qualität der schulischen Ausbildung.

Gesundheit
Es gibt eine medizinische Grundversorgung, aber de facto hängt die Qualität der Versorgung davon ab, wie viel der einzelne bereit und in der Lage ist, für Ärzte, Krankenhäuser und Medikamente privat zu bezahlen.

Religion
Etwa drei Viertel der Bevölkerung bekennt sich zum Katholizismus. Hinzu kommt eine protestantische, jüdische und muslimische Minderheit, und unter den Indígenas gibt es Anhänger der traditionellen indianischen Religionen.

Staats- und Regierungsform
Ecuador ist eine präsidiale Republik mit dem vom Volk gewählten Staatspräsidenten als Oberhaupt.

Wirtschaft
Ecuador gilt als das zweitärmste Land Südamerikas. Die Wirtschaft des Landes hängt zu 60 % vom Erdölexport ab. Nach dem Export von Bananen, Kakao, Blumen, Garnelen u.a. ist der Tourismus zur drittwichtigsten Einnahmequelle geworden.

Literaturangabenempfehlungen

Feser, Volker: Ecuador. Erlangen 2007,
4.Auflage. Michael Müller Verlag

Polyglott APA Guide Ecuador – Galápagos. Ausgabe 2006/2007

Kempken, Daniel A. Schlaglichter Ecuador. Berlin 2005.
BoD, Norderstedt

Pfaffenholz, Julia und Raúl Jarrín. KulturSchock Ecuador.
Bielefeld 2008, 2.Auflage.
REISE KNOW-HOW Verlag Peter Rump

Merian Ecuador 01/08. Travel House Media GmbH

Korneffel, Peter. Ecuador Galápagos Inseln.
DuMont Reiseverlag 2010

Rohrbach, Carmen. Der weite Himmel über den Anden.
Malik National Geographic, 9.Auflage 2009

Von Joachim Frank erschienen ebenfalls im Wiesenburg Verlag:

Joachim Frank

Fixsterne

Roman, 288 Seiten
gebunden, 19,80 €

Wiesenburg Verlag
ISBN:3-937101-85-3

„Die Menschen in Joachim Franks Werk „Fixsterne« sind auf einer Reise. Zunächst einmal im ganz wörtlichen Sinn: Ägypten und Spanien sind die Schauplätze des Romandebüts, das der Prisdorfer nun im Wiesenburg Verlag veröffentlicht hat. Doch Protagonist Albert, genannt „Alli«, die nachdenkliche Benny, die „überkandidelte« Resa und deren konsumorientierte Ehemänner, aber auch „Dimo« und „Dogge«, zwei frustrierte junge Männer, die keine Gelegenheit für Provokationen und Gewalt auslassen, sind nicht nur in fremden Ländern unterwegs. Vielmehr ist für Frank dieser Weg eine Sinnsuche."

Pinneberger Tageblatt (Natalie Kordowski)

„Mit dem Stilmittel der Rückblende bringt Frank seinen Lesern die Personen näher, zeigt ihre Entwicklung auf. Er lässt sie an den Gedanken seiner Figuren teilhaben. Das macht die Identifizierung mit ihnen möglich, zieht den Leser in das Geschehen hinein."

Hamburger Abendblatt (Kuno Klein)

„Viele Aussagen dieses Romans könnte ich als „Aufhänger" für eine Rezension verwenden. Entschieden habe ich mich für den Satz, den Alli ausspricht und mit dem er Benny ein wenig näher kommt: ′Ich verstehe erst etwas von der Welt, wenn ich an ihr teilnehme."

Schleswig Holstein (Doris Ruge)

Joachim Frank

Botswana – Ein Diamant im Süden Afrikas

Reiseerzählung, gebunden, 157 Seiten, 17,80 €

Wiesenburg Verlag
ISBN: 978-3-939518-57-0

„Selten findet man bei einem Reiseautor eine so ausgewogene Mischung aus sachlicher Betrachtung und Behutsamkeit. Man muss kein Afrika-Fan sein, um sich von diesem Buch begeistern zu lassen, man kann aber während der Lektüre durchaus einer werden. Die Erzählung orientiert sich grundsätzlich an der zeitlichen Abfolge der Reise, es werden jedoch immer wieder davon losgelöste Impressionen eingestreut, ebenso wie unterwegs von den Reiseleitern in Erfahrung gebrachte Informationen und »Camp Fire Stories« von früheren Abenteuern. Joachim Frank, der sich auch als Belletristik-Autor betätigt, zeichnet sich durch einen unkomplizierten, schnörkellosen und dabei auf schlichte Weise eleganten Erzählstil aus, der ideal zur Lebendigkeit und Anschaulichkeit dieser Reiseerzählung beiträgt. Das Buch ist sehr ansprechend aufgemacht und reich bebildert, teils schwarzweiß, teils in Farbe. Dank der vielseitigen Fotoauswahl und der hohen Qualität der Bilder tragen diese ebenfalls zu einem differenzierten Gesamteindruck von Botswana bei. Umso erfreulicher erscheint die Tatsache, dass ein kleiner Verlag ein so schön gestaltetes Buch zu einem akzeptablen Preis anbieten kann. Joachim Franks persönliche, dabei aber informativ gehaltene Reiseerzählung bietet spannenden Lesespaß, nicht minder jedoch auch Denkanstöße für ein realistisches Afrikabild - und darüber hinaus wertvolle Tipps für potenzielle Botswana-Reisende."

Media-Mania (Regina Károlyi)

Joachim Frank

Ägypten – An den Ufern des Nil

Reiseerzählung, gebunden, 241 Seiten, 19,80 €

Wiesenburg Verlag
ISBN: 978-3-940756-67-1

Den Charme dieses Buchs macht sein individueller Charakter zwischen Reiseführer und Reiseerzählung aus. Ganz bewusst wendet sich der Autor immer wieder direkt an seine Leser, um ihnen kleine Kostbarkeiten zu präsentieren und ihnen aufzuzeigen, wie sie auch an den überlaufenen zentralen touristischen Stätten möglichst viel »mitnehmen« können. Andererseits schildert er ganz subjektiv seine eigenen Reiseeindrücke. Dem sympathischen Verfasser folgt man gern über ausgetretene und über versteckte Pfade, in die Königsgräber und nach Abu Simbel, ins Ägyptische Nationalmuseum in Kairo und das wenig bekannte Kavafis-Museum in Alexandria, in Cafés, historische Hotels, Bazare und an die sonstigen Orte, die er beschreibt. Lebendig und authentisch, dabei nie die für einen Führer gebotene Sachlichkeit verlierend, stellt Joachim Frank Orte, Menschen und Geschichte vor, lässt persönliche, für den Leser jedoch stets interessante oder amüsante Erinnerungen Revue passieren und präsentiert launige oder berührende Anekdoten. Das Buch ist übersichtlich gestaltet und attraktiv ausgestattet mit einem Farbfoto-Block sowie zahlreichen in den Text integrierten Schwarz-Weiß-Fotos und einigen Karten. Wer eine Ägypten-Reise plant, kann diesem Buch wertvolle Anregungen entnehmen, und wer nur aus Neugier hineinliest, sollte aufpassen, denn es weckt eine enorme Sehnsucht nach dem Land der Pharaonen. Sehr empfehlenswert!

Media-Mania (Regina Károlyi)

Joachim Frank

Variationen des Glücks

Kurzgeschichten, broschiert,
191 Seiten, 9,90 €

Wiesenburg Verlag
ISBN: 978-3-940756-87-9

In den Geschichten von Joachim Frank geht es nie um „das große Glück", sondern sie handeln von kleinen Glücksmomenten des Lebens – Glückskörnchen sozusagen –, die wie zu entdeckende Goldkrümel inmitten einer Unmenge von Sand, Gestein und Geröll oft gar nicht wahrgenommen werden. Es geht um Erlebnisse und Begebenheiten, in denen das Glück darin besteht, eine gemeinsame Erinnerung mit jemandem teilen zu dürfen, gemeinsam zu lachen, eine Angst zu überwinden, einem wirklich authentischen Menschen zu begegnen, eine Einsicht zu gewinnen, jemandem eine Freude bereitet zu haben oder eine Hilfe gewesen zu sein.

Manchmal sind es die ganz stillen Momente des Fürsichseins, des Genießenkönnens, der Einkehr und des Spürendürfens, des Insichruhens, von denen der Autor erzählt. Manchmal ist es das Gefühl der Gemeinsamkeit und manchmal sogar das des Alleinseins. Und gelegentlich handeln diese Geschichten von unbemerkter oder unbemerkbarer Selbstlosigkeit, in der vielleicht doch das wirkliche Glück verborgen liegt.

Die Bücher von Joachim Frank können auf Wunsch
signiert und mit Widmung
auch über den Autor direkt bestellt werden.

Aktuelles zu Joachim Frank auf seiner Homepage
www.joachimfrank.info

Kontakt über Mail:
JFrank1@gmx.de
Es gelten die jeweiligen Ladenpreise
plus 1,50 € für Porto und Verpackung.

Auch über Kritik oder Anregungen freut sich der Autor.